PONS

Lektüre mit allen Sinnen

La rana de la suerte

20 Kurzgeschichten zum Spanischlernen mit Hörbuch

sehen * hören * fühlen * schmecken * riechen

von
Dr. Sonsoles Gómez Cabornero
Iván Reymóndez Fernández
Manuel Vila Baleato

PONS

Lektüre mit allen Sinnen
La rana de la suerte
20 Kurzgeschichten zum Spanischlernen mit Hörbuch

von
Dr. Sonsoles Gómez Cabornero (Geschichten 16-20)
Iván Reymóndez Fernández (Geschichten 1, 3, 6-15)
Manuel Vila Baleato (Geschichten 2, 4, 5)

Basiert auf ISBN 978-3-12-562204-3

1. Auflage 2024

Projektleitung: Canan Eulenberger-Özdamar
Redaktion: Natascha G. Remmert
Bildredaktion: Canan Eulenberger-Özdamar
Rezeptseiten/Bastelseiten: Hanna Hommes
Logoentwurf: Erwin Poell, Heidelberg
Logoüberarbeitung: Sabine Redlin, Ludwigsburg
Covergestaltung: Anne Pixaras, PONS Langenscheidt GmbH, Stuttgart
Innenlayout: Angelika Usenbenz, PONS Langenscheidt GmbH, Stuttgart
Satz: HOX designgroup, Köln; digraf.pl - dtp services
Tonaufnahmen: db media dupré & buhr gbr
Gesprochen von: Sacha Criado
Druck und Bindung: Multiprint GmbH, Kostinbrod

ISBN: 978-3-12-566076-2

Lernen mit allen Sinnen

Du liebst Spanien und möchtest etwas für dein Spanisch tun? Dann tauch mit 20 unterhaltsamen Geschichten ins spanische Leben ein. Je mehr Sinne dabei angesprochen werden, desto schneller machst du Fortschritte.

sehen

Bilder sorgen für ein **visuelles Lernerlebnis** und helfen dem Gehirn, Dinge besser abzuspeichern. Unbekannte Wörter sind farbig markiert und werden in der Vokabelbox und in einem Bild übersetzt.

hören

Du kannst dir alle Geschichten auch als Hörbuch anhören und den **Klang der Sprache nachhaltig ins Ohr** bekommen. Benutze die **Scan2Learn-App** oder lade dir die MP3-Dateien unter **www.pons.de/lektueremitallensinnen** herunter.

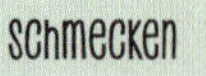

Lernen mit Genuss: Lass dir die Sprache auf der Zunge zergehen und probier die vielen **landestypischen Rezepte** aus, die dich in vielen Geschichten erwarten.

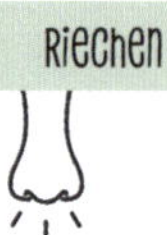

Düfte können **Konzentration und Merkfähigkeit** positiv beeinflussen. Riech zwischendurch immer wieder an der beiliegenden Duftkarte.

Selbst aktiv werden: Bei den Fühlübungen geht es um das umfassende **"Be-Greifen" der Sprache.** Das können Tätigkeiten wie das Anfassen konkreter Gegenstände ebenso sein wie kleine Bastelübungen.

Viel Lesevergnügen wünscht die PONS-Redaktion!

Schauplätze der Geschichte

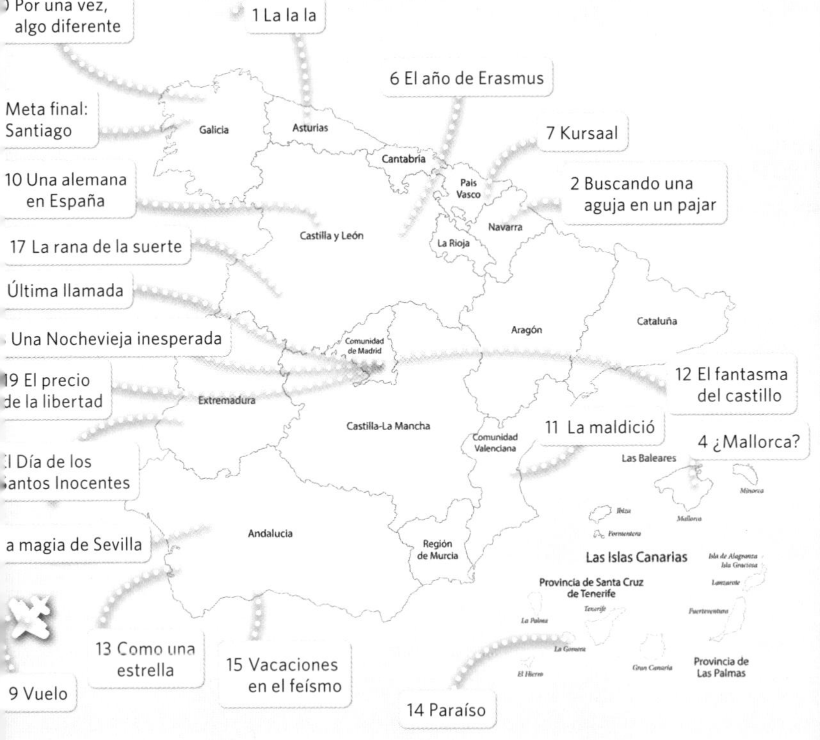

Iván Reymóndez Fernández
(Ribadeo/Galicien 1975) studierte Philologie an der Universität Santiago de Compostela. Er lehrte in mehreren europäischen Ländern, wie Slowenien, Norwegen oder Österreich. Seit 2003 ist er als Dozent für Spanisch und Galicisch in München tätig. Zu seinen Interessen gehören neben Sprachen auch die römische Welt und die Übersetzertätigkeit aus dem Lateinischen.

Dr. Sonsoles Gómez Cabornero, geboren 1970 in Valladolid, Spanien, ist promovierte Historikerin und unterrichtet seit vielen Jahren Spanisch und Spanische Kultur - unter anderem am Instituto Cervantes in München sowie an der Ludwig-Maximilians Universität und an der Technischen Universität München. Lehrerin aus Leidenschaft, Autorin von Fachbüchern und Fachbeiträgen, immer neugierig auf Land und Leute in Spanien und Lateinamerika, lebt sie mit ihrer Familie in der Nähe von München.

Manuel Vila Baleato wuchs in Santiago de Compostela auf, wo er auch studierte. Als Erasmus-Student zog er nach Paderborn, wo er bis heute lebt. Neben seiner Arbeit als Spanisch- und Mathematiklehrer an einem Gymnasium, ist er Autor zahlreicher Bücher für Spanisch als Fremdsprache sowie von Lektüren. 2018 erschien in Spanien sein Kriminalroman "Campus morte", der Finalist des "Premio Frei Martín Sarmiento" wurde.

Inhalt

1 La la la 8

2 Buscando una aguja en un pajar 4

3 El Día de los Santos Inocentes 19

4 ¿Mallorca? 24

5 Meta final: Santiago 32

6 El año de Erasmus 38

7 Kursaal 43

8 Última llamada 50

9 Vuelo 55

10 Una alemana en España 60

11 La maldició 66

12 El fantasma del castillo 74

13 Como una estrella 78

14 Paraíso 82

15 Vacaciones en el feísmo 90

16 La magia de Sevilla 96

17 La rana de la suerte 102

18 Una Nochevieja inesperada 110

19 El precio de la libertad 115

20 Por una vez, algo diferente 120

1 La la la

sehen
hören
Tr. 1

Aunque[1] es abril, todavía hace frío en Oviedo. Lo dice ella, Juana, y lo dice toda la gente que entra en la pastelería:
—¡Qué frío, Dios mío! —dice la Sra. Manuela mientras cierra la puerta.
—¿Lo de siempre?[2]—le pregunta Juana con una sonrisa.
—Lo de siempre —responde Manuela satisfecha.
Juana ha trabajado toda la vida en esa pastelería, “La golosa[3]”, en pleno centro de la ciudad enfrente de la catedral. Incluso mucha gente cree que la pastelería es suya, pero no, la pastelería ha sido siempre propiedad de los Sres. de la Paz. Pero ahora ellos se han muerto y el dueño[4] es su hijo, que dice que quiere cambiar la pastelería, hacerla moderna.
“¿Por qué cambiar las cosas que funcionan tan bien y hacen feliz a la gente?”, piensa Juana. La idea de cambiar algo en aquel sitio donde ha pasado gran parte de su vida no le gusta nada.

Oviedo ist die Hauptstadt der **Autonomen Gemeinschaft Fürstentum Asturien** und liegt im Norden Spaniens.

DIE **SANTA BASÍLICA CATEDRAL DE SAN SALVADOR DE OVIEDO** WURDE ZWISCHEN DEM 14. UND DEM 16. JH. ERBAUT.

La pastelería es bastante grande, tiene una **zona de despacho** de pasteles y otra con **mesas** para servir café. Ella empieza a trabajar a las ocho de la mañana y termina a las ocho de la tarde. Es mucho tiempo, pero no le importa, pues la pastelería es su vida. Conoce a la mayoría de los clientes, qué les gusta, qué les molesta, si tienen problemas de salud, de amores, de dinero... La gente confía mucho en ella porque no es una **cotilla**[5], no habla de la vida de nadie. Se nota que cuando alguien le cuenta un secreto, el secreto queda con ella hasta la muerte.

Ese día, dos de abril, aparece el hijo de los Sres. de la Paz y con él dos hombres que traen un paquete muy grande.

—Aquí llega el progreso —exclama el nuevo dueño de la pastelería.

"Ay Dios, seguro que es una silla de esas modernas que parecen una tortura", piensa Juana, mientras observa cómo los hombres rompen el cartón y sacan del paquete una especie de caja gigantesca con un cristal oscuro.

—¡Una televisión! —exclama su nuevo joven jefe.

1 **aunque -** obwohl
2 **¿Lo de siempre? -** (hier:) So wie immer?
3 **el/la goloso/-a -** das Leckermaul
4 **el/la dueño/-a -** der/die Besitzer/in
5 **el/la cotilla -** die Klatschbase

Al poco rato, allí en una esquina, está aquella caja que emite luz y sonidos. Juana mira a través del cristal de la puerta hacia la catedral de Oviedo, tan bonita con su torre gótica y su aspecto señorial[6]:
—Virgen de Covadonga, te pido paciencia —dice en voz baja.
Y entonces es cuando ve al Sr. Miguel con su mujer cruzando la calle hacia la cafetería. El corazón de Juana empieza a latir[7] velozmente. Todos los protagonistas masculinos de las novelas de Corín Tellado, esos libros que lee detrás del mostrador[8] cuando no hay gente, tienen el aspecto del Sr. Miguel: es alto, delgado, siempre elegante con su traje oscuro y su corbata roja. Sin embargo, su mujer, la Sra. Paca, le parece gris y triste.
"Parece que para ella vivir es un castigo[9]", piensa Juana, que ya está preparando en un plato los pasteles que siempre piden: un par de casadielles y una manzanilla para ella, y dos marañuelas y un café con un poco de coñac para él.

la marañuela
typisch asturisches Gebäck, das am Ostersonntag gegessen wird

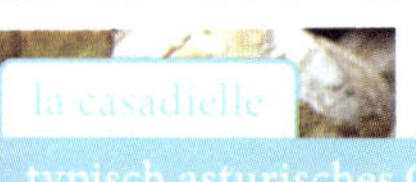
la casadielle
typisch asturisches Gebäck

Die Jungfrau von Covadonga ist die Schutzheilige Asturiens.

Corín Tellado (1927-2009) war nach Miguel de Cervantes die meistgelesene Schriftstellerin Spaniens. Bekannt war sie vor allem für ihre Liebesromane, von denen sie rund 4.000 schrieb.

—Buenas tardes, Sra. Juana —dice él con una voz que a Juana le parece de príncipe[10].
—Ah, pero ¿qué es esto? —exclama la Sra. Paca con su voz chillona[11] cuando ve la televisión.
—Una televisión —dice Juana con un tono neutral.
Para su sorpresa, casi nadie parece estar molesto con la nueva presencia. Al final tiene que reconocer que hay cada vez más clientes, pues una televisión es aún algo muy exótico en la ciudad de Oviedo. El hijo de los Sres. de la Paz parece tener mucho tiempo libre para pensar.
"¿Por qué no se busca una novia?", piensa Juana, "con una novia no va a pensar tanto en la pastelería y cambiarla con sus ideas locas".
Pero el chico abre la boca para decir una más:
—Esta noche es el festival de Eurovisión y vamos a abrir la pastelería hasta tarde para los clientes. Así, mientras ven el festival, van a consumir muchísimo.

der Kamillentee

Y sin dudar más, pone un gran cartel en la puerta y en los cristales. A partir de las seis empiezan a llegar las personas, y entre ellos, el Sr. Miguel con su antipática mujer. Todas las mesas están ocupadas y Juana se tiene que quedar de pie detrás del mostrador. El festival le parece bastante aburrido, la gente canta en idiomas que ella no entiende ni le parecen bonitos.
"Es que no hay nada como el español con acento asturiano", piensa.
Ella no puede dejar de mirar al Sr. Miguel y piensa que bailar con él tiene que ser la cosa más bonita del mundo.

6 **señorial** – herrschaftlich
7 **latir** – schlagen
8 **el mostrador** – die Theke
9 **el castigo** – die Strafe
10 **el príncipe / la princesa** – der Prinz / die Prinzessin
11 **chillón/a** – schrill

Massiel (*1947) ist eine spanische Sängerin, die in Spanien und Lateinamerika bekannt ist. Den größten Erfolg ihrer Karriere feierte sie mit dem Lied La, la, la, mit dem sie 1968 den Eurovision Song Contest gewann.

Cuando llega el momento de la canción de España, aparece la cantante Massiel en la pantalla e incluso Juana siente emoción. Le gusta aquella chica vestida alegremente y que canta esa especie de himno a la vida.

die Flasche

—¿Me traes otra manzanilla? —le grita la Sra. Paca. Juana está agotada[12]. Ella quiere, por primera vez en su vida, sentarse, ser uno más de ellos, y, sobre todo, estar al lado del Sr. Miguel.

la gota
der Tropfen

Mientras le prepara la manzanilla a la Sra. Paca, Juana ve su bolso abierto y allí todavía está la medicina que le ha dado el Dr. Suárez para sus problemas digestivos[13]. Sin pensarlo, toma el frasco y echa varias gotas en la manzanilla.

el bolso
die Tasche

—Aquí está, Sra. Paca, su manzanilla —le dice después de poner la taza encima de la mesa.

Juana no le quita ojo a[14] la Sra. Paca. Esta tiene cada vez peor cara y se lleva la mano al estómago. Su marido le pregunta si está bien y ella finalmente se levanta.

—Voy a casa, te puedes quedar aquí. Falta poco para el final.

Ella sale de la pastelería y el Sr. Miguel se queda sentado. Tiene cara preocupada.

—Que ahora van a decir quién ha ganado —grita la Sra. Manuela.

Todos callan[15] con la mirada fija en la pantalla de televisión. Juana se ha sentado al lado del Sr. Miguel. Cuando dicen que Massiel ha ganado, la pastelería **se convierte en**[16] una fiesta absoluta: todos ríen y se abrazan. Alguien pide **sidra** para **brindar**[17] y Juana corre a buscar una botella. El Sr. Miguel la abre y brindan por Massiel y España.

la sidra
der Apfelwein

—Y Asturias, la mejor patria del mundo —grita alguien.

—Silencio, que ahora va a cantar de nuevo.

En la televisión aparece otra vez Massiel, más sonriente que antes, y empieza a cantar: "Yo canto a la mañana que ve mi juventud…".

El Sr. Miguel se pone de pie, **se inclina**[18] ante Juana y le dice con voz de príncipe:

—Sra. Juana, si es tan amable de permitirme este baile…

Juana se pone de pie y el Sr. Miguel la toma por la cintura y el brazo. Ambos bailan entre las mesas al ritmo de los aplausos de todos y la voz maravillosa de Massiel cantando: "La la la".

ühlen

LERNTIPP: RIECH DOCH MAL!

Wenn wir neue Wörter mit bestimmten Gerüchen verbinden, verankern sich diese leichter im Gedächtnis. Stelle dir also, während du diese Geschichte liest, vor, wie es in Juanas Pastelería riecht – vielleicht nach Hefeteig, frisch gebackenen Brötchen, süßem Gebäck, Mandeln oder Anis? Nutze zum Lernen von Vokabeln auch die Gerüche, die beim Ausprobieren des Rezeptes im Anschluss an dieses Kapitel entstehen!

12 **agotado/-a** - erschöpft
13 **digestivo/-a** - Verdauungs-
14 **no quitar ojo a algo / alguien** - etw. / jmdn. nicht aus den Augen lassen
15 **callar** - schweigen
16 **convertirse en** - werden zu
17 **brindar** - anstoßen
18 **inclinarse** - sich verbeugen

Marañuelas

GALICISCHES GEBÄCK

Marañuelas stammen ursprünglich aus nordspanischen Fischerdörfern, wo Frauen ihren zur See fahrenden Männern dieses süße Gebäck als Proviant mitgaben. Jede Familie benutzte dabei eine andere Form: Typischerweise sind sie heute rund oder in Form eines Seemannsknotens.

Zutaten:

20 g de levadura fresca - **1/4** vaso de agua templada - **550 g** de harina (n. 1050) - **125 g** de mantequilla - **125 g** de azúcar - **3** huevos - **1/2 cucharadita** de sal - **3 gotas** de aceite de anís o anisete

1. *Die Hefe in warmem Wasser auflösen und anschließend in 50 g Mehl verrühren. 1,5 Stunden zugedeckt gehen lassen.*
2. *400 g Mehl mit Butter, Eier, Zucker, Anis und Hefemischung verrühren und 15 Minuten lang kneten, bis ein relativ fester Teig entsteht. Gegebenenfalls Mehl hinzufügen und zugedeckt mindestens fünf Stunden gehen lassen.*
3. *Erneut kurz kneten, in kleinere Portionen teilen und zum Beispiel als Seemansknoten formen. Erneut zwei Stunden ruhen lassen.*
4. *Mit verquirltem Ei bestreichen und bei 180 °C etwa 15–20 Minuten im Ofen backen.*

templado/a - lauwarm
la cucharadita - der Teelöffel
el aceite de anís - Anisöl
el anisete - Anislikör

¡QUE VIVA LA FIESTA!
ES LEBE DAS FEIERN!

In der nächsten Geschichte wirst du ein bekanntes und beliebtes Volksfest aus Pamplona kennenleren, die **Sanfermines**. Bei diesem Volksfest werden jedes Jahr im Juli Stiere durch die Straßen der Stadt zur Stierkampfarena getrieben. Wie dieses Volksfest gibt es viele weitere Feste, die in ihren jeweiligen Regionen eine große Bedeutung haben, beispielsweise auch die **Feria de Sevilla.** Hier feiern und tanzen Jahr für Jahr zwei Wochen nach Ostern Tausende. Typisch sind Flamencotänze mit den passenden farbenfrohen Trachten.

Hier siehst du einge typische Outfits und Accessoires spanischer Feste. Male sie an!

2 Buscando una aguja en un pajar

die Nadel im Heuhaufen suchen

offizieller Beginn von San Fermín, der mit einem Böllerschuss begangen wird

1 de enero, 2 de febrero, 3 de marzo, 4 de abril, 5 de mayo, 6 de junio, 7 de julio... ¡**San Fermín**! Lena canta en la plaza del ayuntamiento de Pamplona, llena de gente. Tras un año de espera por fin empiezan las fiestas más importantes de **Pamplona** –quizás también de España– con el famoso **chupinazo**.

sehen

hören

Tr. 2

En solo unas semanas termina su estancia en España, después de un año fantástico como estudiante Erasmus en la Universidad de Navarra. A sus 22 años, sus dos semestres en **Iruña** son, para Lena, la mejor experiencia de toda su vida.
A finales de mes, tiene que volver a Münster y terminar su carrera universitaria. Pero ahora no quiere pensar en la despedida, solo quiere reír, bailar y disfrutar del ambiente increíble de la ciudad.
Miles de personas con pantalones, camisetas y zapatillas blancas, además de un **pañuelo**[1] rojo, llenan todas las calles de la ciudad. A las doce

la muchedumbre
die Menschenmenge

STADT IN NORDSPANIEN UND HAUPTSTADT DER AUTONOMEN REGION **NAVARRA**. DER BASKISCHE NAME DER STADT LAUTET **IRUÑA**.

Fest zu Ehren des gleichnamigen Schutzheiligen von **Navarra**

Peñas sind Vereine, die während des Festes mit Transparenten, Musik und Gesang für Stimmung auf den Straßen sorgen

de la mañana comienza una semana de fiesta que no termina, casi sin pausa, hasta el 14 de julio.

Con sus compañeros Erasmus, Lena continúa la fiesta por las calles y los bares de ciudad. Hay jóvenes de toda España, pero también muchos franceses, porque la frontera con Francia no está lejos. Pero en las calles hay gente de todas las edades, desde niños pequeños a abuelos y abuelas de 90 años. Se abrazan y gritan "¡Viva San Fermín!" mientras beben vino o **pacharán**.

el pacharán
Anis-Schlehenlikör aus Navarra

la endrina
die Schlehe

En muchos restaurantes, las **peñas** tocan y cantan sus propias canciones antes de cenar en grupo todos juntos.

Lena está fascinada y le encanta ver como todo el mundo se saluda con la palabra "amigo" o "amiga". La tarde pasa divertida y rápida, y a las once de la noche, Lena está bailando con sus amigas Ainoa y Miren y un grupo de chicos valencianos muy simpáticos.

Lena nota un poco los efectos del vino y del pacharán, pero no **está borracha**[2] y disfruta por completo de la magia de la fiesta.

Aunque Lena no cree en el amor a primera vista y no se enamora fácilmente, uno de los chicos le llama mucho la atención y no puede parar

1 **pañuelo** – das Halstuch
2 **estar borracho/-a** – betrunken sein

de mirarlo. Entonces, de repente, el joven se acerca y la toma de la mano para bailar con ella.
—¿Puedo preguntar cómo se llama la chica con los ojos verdes más bonitos del mundo? —le pregunta el chico mientras se mueve al ritmo de la música.
Lena piensa que la pregunta es un poco **cursi**[3], pero se ríe y contesta con una sonrisa. Nacho, así se llama el chico, parece simpático y, además de bailar genial, es muy guapo.
Solo una hora más tarde, Lena tiene la sensación de que ese joven que acaba de conocer puede ser alguien realmente muy especial. Se siente tan bien que le gustaría bailar el resto de la noche con él. En un momento, los ojos verdes de ella y los ojos negros de él se miran a pocos centímetros de distancia y sus labios se juntan durante unos pocos segundos. Pero entonces aparece uno de sus amigos y Nacho desaparece entre frases que ella no puede comprender... "¡Ven, rápido!", "Es Marcos, vamos...".
Nacho se va inmediatamente después de decirle a Lena:
—Me tengo que ir pero voy a volver en un rato, ¿me esperas?
Pero el rato es demasiado largo y después de una hora, las

amigas de Lena quieren continuar con la fiesta en otro bar. Lena decide esperar un poco más. Ainoa y Miren aceptan, pero dos horas más tarde las chicas salen finalmente del local. Lena busca a Nacho por las calles y pasa el resto de la noche con la esperanza de encontrar la cara del chico entre la gente.
Al día siguiente, Lena se levanta con la sensación de que necesita ver de nuevo a Nacho. Después de comer, las chicas salen otra vez a la calle y Lena piensa todo el tiempo en ese joven valenciano que en realidad apenas conoce. Cuando por la noche, Lena propone ir de nuevo al mismo bar, sus amigas lo tienen claro:
—¡No puede ser! Estás enamorada de ese chico después de solo unas horas! —le dice Miren.
A ella no le gusta hablar de "amor", pero cree que es la primera vez que siente algo así.
Lamentablemente, en el local no hay **rastro**[4] de Nacho, y tampoco en los otros bares donde las chicas bailan toda la noche.
En el tercer día de San Fermín, Lena todavía busca a Nacho en los bares y en los grupos de gente que celebran las fiestas mientras la música llena de ambiente las calles de la ciudad una vez más.
Al día siguiente, Lena vuelve al bar de la primera noche y pregunta a los camareros. Quizás alguien conoce a Nacho o sabe algo de él.
Cuando por fin habla con la gente, ella misma reconoce que todo es un poco absurdo, porque no puede contestar a las preguntas: "¿Solo sabes que se llama Nacho?", "¿sabes por lo menos sus apellidos?", "¿tampoco sabes cómo se llaman sus amigos?", "¿sabes en qué hotel están?", "¿tienes alguna foto en el móvil?"...

3 **cursi** – kitschig
4 **el rastro** – die Spur

Parece misión imposible encontrar a un chico alto, moreno, de ojos negros; con ropa blanca y roja... ¡como todo el mundo!

—¡Muchacha, es que tú estás buscando una aguja en un pajar! ¿Sabes cuántos miles de personas están celebrando las fiestas en esta ciudad? Creo que va a ser realmente complicado encontrar a ese chico —le dice por fin un camarero que acaba definitivamente con todas sus esperanzas.

Después de una semana de fiestas increíbles, Lena tiene que prepararse para volver a Alemania, pero todavía no puede olvidar al chico valenciano con el que sueña cada noche.

A finales de mes llega el momento de decir adiós y Lena va al aeropuerto con sus sus amigas. Después de facturar sus maletas y despedirse, toma un café mientras espera la salida de su avión. Entonces, casualmente, ve una **nota** en un **tablón de anuncios**[5] que hay en la cafetería del aeropuerto:

¡Estoy buscando a una chica que se llama Lena! Es alemana, estudiante Erasmus, de ojos verdes, que vive en Pamplona. Por una urgencia médica de un amigo, no tengo sus datos, pero la estoy buscando como un loco. ¿Alguien la conoce? Si es así, por favor, aquí está mi correo electrónico: busco_a_lena@mail.es

Nacho, de Valencia

die Notiz

Con una gran sonrisa, mientras llaman a los pasajeros del vuelo a Hannover, Lena empieza a escribir en su móvil, aunque ella todavía no lo sabe, el e-mail más importante de toda su vida.

5 **el tablón de anuncios** – das schwarze Brett

3 El Día de los Santos Inocentes[1]

sehen
hören
Tr. 18

Es el día 28 de diciembre y ha nevado un poco en Badajoz. Y otro día más cae a su terraza una prenda de ropa, esta vez, una **braga**.

—Otra vez —exclama Silvia—. No puede ser. Cada día es lo mismo. Esta **tía**[2] lo hace **a propósito**[3].

Todos los días cae una prenda de ropa. Y luego lo mismo: la vecina llama a la puerta y **se disculpa**[4]. Ella le da la prenda, hablan un poco y nada más. Pero reconoce que ahora espera cada día ese momento. Es todo un poco **contradictorio**[5]: por un lado, le molesta; por otro, le gusta. Y la vecina es una chica muy simpática y atractiva.

Silvia va a la terraza para tomar la braga, la deja encima de la mesa de la entrada, se pone el abrigo y sale a la calle. Pero cuando abre la puerta, siente un **impacto**[6] en su cara y cuando reacciona, está bañada de tinta roja.

—Asesina, criminal, ¡te mereces la muerte!

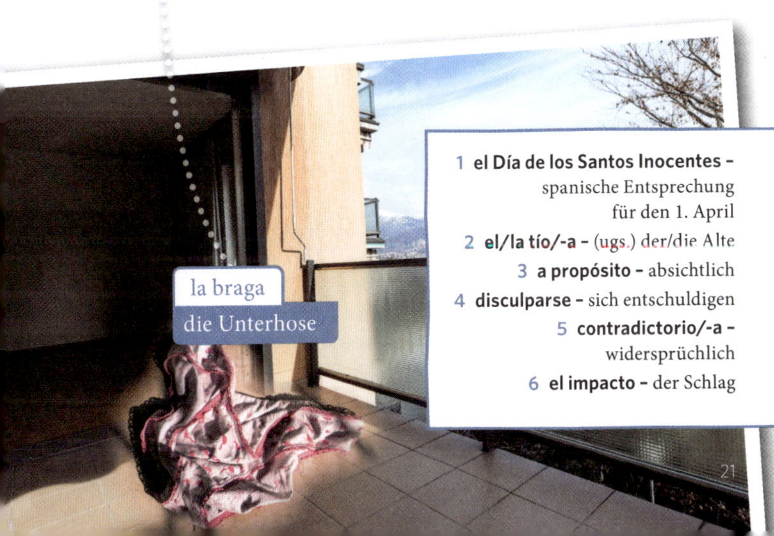

la braga
die Unterhose

1 **el Día de los Santos Inocentes** – spanische Entsprechung für den 1. April
2 **el/la tío/-a** – (ugs.) der/die Alte
3 **a propósito** – absichtlich
4 **disculparse** – sich entschuldigen
5 **contradictorio/-a** – widersprüchlich
6 **el impacto** – der Schlag

Silvia se limpia la cara como puede y ve a una mujer bastante gorda, vestida con un **jersey**[7] verde muy grande, unos **pantalones vaqueros estrechos** y unos **zapatos de tacón** rojos.

—Tú y tu empresa de jamones, sois una **vergüenza**[8] para la humanidad. Pero vuestra hora está cerca, ¿me oyes?

Silvia entra como puede de nuevo en su edificio y corre a su apartamento. Está un poco asustada. Llama a la policía y después se lava la cara y se cambia de ropa. Cuando los agentes llegan, la mujer ya no está.

—Seguramente es una activista vegana radical. Cada vez hay más, pero son **inofensivas**[9].

—Ya, inofensivas, pero yo casi me muero de un infarto.

La policía se marcha y Silvia camina, todavía insegura, por las calles de Badajoz hacia su trabajo. **La Alcazaba** parece una postal con la nieve que cae.

DIE **PLAZA ALTA** IST EINER DER ZENTRALEN PLÄTZE VON **BADAJOZ**. DER VON ARKADEN UMGEBENE PLATZ WAR IM MITTELALTER EIN MARKTPLATZ.

Der Platz grenzt direkt an das Gebiet der maurischen Festung **Alcazaba** an, das sich mit seinen Wehrtürmen, Zinnen, Gärten und einem Palast auf einer Fläche von 8 ha erstreckt.

Silvia es la directora de marketing de una **granja**[10] de **cerdos de pata negra** que produce jamón, el famoso **jamón ibérico**. Ama su trabajo y no entiende la reacción de personas como esa mujer. Los cerdos viven en libertad durante toda su vida. Corren por las **dehesas**[11] comiendo las **bellotas**[12] que caen de los **alcornoques** y nada más.

"Tienen una vida que ya me gustaría tener a mí", piensa al llegar a su oficina.

En Navidades apenas hay actividad. Casi toda la gente pide vacaciones para estar con su familia. Ella no tiene familia, ni novio. Ni novia.

Está pensando en su vecina. Se llama Alicia Grandi y es de origen italiano. Trabaja en una **protectora de animales**[13].

7 **jersey** – der Pullover
8 **la vergüenza** – die Schande
9 **inofensivo/-a** – harmlos
10 **la granja** – die Farm
11 **la dehesa** – die Weide
12 **la bellota** – die Eichel
13 **la protectora de animales** – der Tierschutzverein

"Pero es normal, no una loca radical como...", piensa Silvia, mientras en su mente, de repente, aparece de nuevo la imagen de la **chiflada**[14] de la mañana.

—Tal vez es una **broma**[15] del Día de los Santos Inocentes —se dice a sí misma.

Pero no, es imposible. Primero, casi nadie celebra ya esta fiesta. Segundo, vive en Badajoz desde hace poco tiempo y todavía no tiene amigos y esas bromas las hacen amigos.

A las cuatro de la tarde decide irse. Se despide de los pocos compañeros que están en el trabajo y vuelve a su casa caminando por la orilla del río. El Guadiana. Se pregunta si es verdad que es un río que aparece y desaparece, como se suele decir.

Finalmente llega a casa. No hay nadie delante.

—Por lo menos, no tengo a más activistas hasta mañana —dice **aliviada**[16] después de cerrar la puerta de su apartamento.

Pero cuando se quita el abrigo, ve que hay un **muñeco de papel pegado** en la **espalda**[17].

—Pues sí que va a ser la típica broma del día de hoy.

Su corazón late muy rápido. En el muñeco está escrito: Te queda poco tiempo, asesina de animales.

Silvia va a llamar a la policía cuando suena el teléfono.

—¿Diga?

—Hola, soy tu vecina. Te pido perdón. Otra de mis prendas ha caído en tu terraza. Pero hoy no puedo bajar a buscarla porque tengo un **esguince**[18] en mi pie. ¿Te importa subírmela? Te invito a cenar. He hecho una sopa. Creo que es lo ideal para un día tan frío como el de hoy.

El corazón de Silvia sigue latiendo muy rápido, pero ahora no es de miedo, sino de ilusión.

—Claro, ahora mismo subo.

—Perfecto, te espero.

Silvia se mira en el espejo. No se ve tan mal. Coge la braga y sube las escaleras. Cuando llega arriba, la vecina ya tiene la puerta abierta y la espera allí.

—¡Qué amable, querida! Siempre te estoy molestando con estas cosas. No sé qué me pasa con la ropa. Tengo que comprar **pinzas** nuevas. Pero pasa, pasa, la sopa ya está lista...

Pero Silvia se queda paralizada en la puerta del apartamento.

—¿Te ocurre algo?

—No, no me ocurre nada, pero no me puedo quedar. Aquí tienes tu ropa interior. Adiós.

Silvia baja corriendo las escaleras y cuando llega a su apartamento, cierra la puerta con llave. Cuando ha mirado al interior del piso de Alicia, ha visto en el suelo unos zapatos de tacón rojos. Los mismos de la loca de la mañana.

Es 29 de diciembre. El aire es frío, pero ya no nieva. Mira por la ventana mientras toma un café. Y entonces ve que cae otra prenda en su terraza. Un jersey inmenso de lana verde.

la pinza
die Wäscheklammer

14 **el/la chiflado/-a** – (ugs.) der/die Verrückte
15 **la broma** – der Scherz
16 **aliviado/-a** – erleichtert
17 **la espalda** – der Rücken
18 **el esguince** – die Verstauchung

4 ¿Mallorca?

sehen
hören
Tr. 4

El día de su 40 aniversario de boda, Klaus y Uta celebran una gran fiesta con toda su familia en su pueblo, muy cerca del Harz alemán. Allí viven los dos desde su nacimiento, casi sesenta y cinco años antes, en la misma casa donde sus dos hijos los visitan **de vez en cuando**[1].

Su hija Kerstin está soltera y vive en Düsseldorf, su hijo Oliver vive en Hannover con su mujer española y sus dos niñas.

La fiesta de aniversario está siendo perfecta y todo va genial hasta que Oliver y su esposa Patricia muestran su regalo a Klaus y Uta.

Uta **abre los ojos como platos** cuando lo ve: un **vale**[2] para unas vacaciones en Mallorca de una semana para dos personas. Uta intenta dibujar en su cara una sonrisa mientras le da el sobre a su marido, pero Patricia nota que a su suegra el regalo no le gusta nada. La reacción de Klaus no es muy diferente, pero de su boca salen los pensamientos de su sorprendida cabeza: "¿Un viaje a Mallorca? ¿Para nosotros?".

En ese momento Oliver sabe que la **propuesta**[3] de su mujer es, definitivamente, un **fracaso**[4]. A sus padres no les gusta viajar en avión, nunca han pasado sus vacaciones en el extranjero, y la idea de estar en un país donde no comprenden la lengua es, para ellos, una **pesadilla**[5]. Pero Uta y Klaus saben que su hijo y su mujer española solo les quieren dar una alegría y **agradecen**[6] el regalo con un abrazo y una sonrisa falsa.

Klaus y Uta van todos los años de vaciones con su propio coche al Mar del Norte y allí disfrutan de su tiempo libre durante dos

LERNTIPP: ¡MÚEVETE! LERNEN MIT BEWEGUNG

Wenn du nicht selbst reisen kannst, bewege dich in deinem näheren Umfeld. Denn wenn du dich beim Lernen bewegst, hilfst du deinem Gedächtnis dabei, die Wörter zu behalten! Lade dir die Audiodateien der Kurzgeschichten auf dein Handy und höre sie dir an, während du spazieren gehst oder joggst. Du kannst auch eigene Texte oder Vokabellisten einsprechen, die du mit nach draußen nimmst.

o tres semanas. Ahora, con casi 65 años, y por primera vez en su vida, tienen que pensar en coger un avión para volar a Mallorca.

Klaus discute con su mujer y le dice que quizás pueden hablar con su hijo, porque, definitivamente, él no quiere viajar a Mallorca. Uta tampoco tiene ganas, pero sabe que no pueden decirle algo así a Oliver y, sobre todo, a su nuera Patricia.

—¿Mallorca? ¡Por favor! ¡Es una isla llena de turistas, con las playas llenas de gente y alemanes e ingleses que solo quieren beber cerveza y sangría todo el día! ¿Hay en Mallorca algo más que el famoso "Ballermann"? —protesta sin éxito Klaus.

Finalmente una mañana del mes de junio, contra su **propia**[7] **voluntad**[8] y cuando ya casi son dos jubilados, Uta y su marido se suben al avión y vuelan por primera vez en su vida. Cuando el avión aterriza en Palma de Mallorca, Klaus todavía **está de mal humor**[9] y por eso al principio no es capaz de disfrutar del cielo azul y 15 grados de temperatura más que en Hannover.

1 **de vez en cuando** – ab und zu
2 **vale** – der Gutschein
3 **la propuesta** – der Vorschlag
4 **el fracaso** – der Reinfall
5 **la pesadilla** – der Albtraum
6 **agradecer** – sich bedanken
7 **propio/-a** – eigene/r/s
8 **la voluntad** – der Wille
9 **estar de mal humor** – schlecht gelaunt sein

Cuando llegan al hotel, Uta se alegra porque la chica de la recepción habla perfectamente alemán. La habitación, la comida española en el comedor y la piscina del hotel son excelentes y al final del día, el **matrimonio**[10] ya piensa que, después de todo, la idea de su hijo y su nuera quizás no es tan mala.

El segundo día, Uta y Klaus deciden pasar la mañana en la playa y ambos están fascinados por la agradable temperatura del agua, siete u ocho grados más alta que en su querido Mar del Norte.

En una **tumbona** y con una **sombrilla**, Klaus y Uta se refrescan con una **clara**[11] bien fría para combatir el calor y no echan de menos su *Strandkorb*.

Esa misma noche, después de un masaje relajante y una ducha fresca, los dos van a tomar unas tapas a Palma y **pasean de la mano**[12] por la zona peatonal en el centro de la ciudad.

El tercer día, con su diccionario "Español-Alemán" debajo del brazo derecho, Uta saluda al personal del hotel con un "¡Buenos días!" y una sonrisa enorme.

Esa misma tarde, y con la ayuda de un camarero mallorquín muy simpático del hotel, escribe un mensaje en español en su móvil para su hijo Oliver y su nuera Patricia:

> ¡Hola, familia! Mallorca nos gusta mucho. El tiempo es fantástico y las tapas y la sangría también ☺ ¡Saludos a todos! Un beso, Klaus y Uta.

Cuando Oliver ve el mensaje, piensa que seguramente a sus padres la isla no les gusta mucho, pero no quieren mostrar que su regalo de aniversario es un fracaso total.

La semana de Uta y Klaus en Mallorca está llena de actividades diferentes. Un día visitan Sóller, un pueblo al norte de la isla, donde todavía funciona un tren de 1912. Al día siguiente **hacen senderismo**[13] y suben al **Puig Major**. Otro día los dos nuevos turistas **alquilan**[14] un coche y visitan **Alcúdia**. Cuando termina el día, los dos están completamente enamorados del puerto y de toda la zona.

MIT 1445 METERN HÖCHSTER BERG MALLORCAS IN DER SERRA DE TRAMUNTANA

malerisch gelegene Kleinstadt im Nordosten Mallorcas

10 **el matrimonio** – das Ehepaar
11 **la clara** – das Radler
12 **pasear de la mano** – Händchen haltend spazieren
13 **hacer senderismo** – wandern
14 **alquilar** – mieten

En su último día en la isla, Klaus y Uta deciden visitar el **parque natural de S´Albufera**, donde viven más de 200 **especies de pájaros** diferentes.
El tiempo pasa tan rápido, que los dos nuevos turistas están realmente tristes cuando el último día tienen que hacer las

maletas y se despiden de la isla. Y entonces deciden, los dos juntos, hacer una pequeña última visita al puerto de Alcúdia antes de coger el avión para volar a Alemania.
Cuando Oliver, Patricia y sus niños los recogen en el aeropuerto de Hannover, Klaus y Uta aparecen **morenos**[15] y con grandes sonrisas en la cara.

Además de las maletas, los abuelos traen en las manos una **ensaimada** enorme y paquetes con regalos para sus nietos.

schneckenförmiges Schmalzgebäck, typisch für Mallorca

Justo cuando Oliver y Patricia van a empezar a hablar, Uta, muy concentrada y con los ojos en un papel que tiene en las manos, los sorprende en perfecto español con fuerte acento alemán:

—Familia, os tenemos que decir algo.

Patricia no puede reaccionar cuando su hija pequeña le pregunta una y otra vez:

—Mama, was hat Oma gerade gesagt?

Mientras todos la miran, Uta termina por fin su frase:

—Hoy hemos comprado un pequeño apartamento en Mallorca. ¡Con la jubilación nos vamos a vivir a Alcúdia!

15 **moreno/-a –** (hier:) sonnengebräunt

Ensaimadas

GEBÄCK VON DEN BALEAREN

Diese süßen Schnecken schmecken warm serviert am besten. Obwohl sie als typisch mallorquinisch gelten, werden sie auf allen balearischen Inseln gerne gebacken, traditionell mit Schweinefett. Am liebsten isst man sie gefüllt mit Sahne, Schokolade, Honig oder sogar Wurst.

Zutaten:

15 g de levadura fresca - **75 g** de leche templada - **50 g** de azúcar - **250 g** de harina - **1/2 cucharadita** de sal - **1** huevo - **2 cucharas** de aceite de girasol - **50 g** de mantequilla - azúcar en polvo

1. *Die Hefe in der Milch auflösen, mit 1 EL Zucker glatt rühren.*
2. *Das Mehl mit dem Salz und dem restlichen Zucker mischen. Das Ei mit dem Öl verschlagen und zur Mehlmischung geben. Die Hefemilch dazugießen. Den Teig etwa zehn Minuten lang kneten und eine Stunde gehen lassen.*
3. *Den Teig nochmals durchkneten und in dünne Stränge formen. In geschmolzene Butter eintauchen und auf einem gefetteten Blech in Form einer Schnecke legen.*
4. *45 Minuten gehen lassen, die Schnecken dann mit Wasser bestreichen und mit Puderzucker bestäuben. Zehn Minuten backen und erneut mit Puderzucker bestäuben.*

la levadura fresca – frische Hefe
templado, -a – lauwarm
el aceite de girasol – das Sonnenblumenöl
el azúcar en polvo – der Puderzucker

fühlen

¿CON QUÉ SUEÑAS TÚ?
WOVON TRÄUMST DU?

Stell dir vor, du könntest längere Zeit an deinem Lieblingsort in Spanien leben. Gestalte eine Postkarte mit einem oder mehreren Fotos dieses Ortes und verfasse anschließend eine Nachricht an Freunde oder Familie: Welche Orte hast du schon besucht? Wie geht es dir in Spanien? Hast du neue Leute kennengelernt? Was fasziniert dich? Wovor hast du Angst?

Querido/a...

¿Qué tal? Te escribo desde... Era la mejor decisión... Estoy contento/a...

Un abrazo
XX

So begrüßt du jemanden:
- Hola...
- Querido/a...
- ¿Qué tal?

So verabschiedest du dich:
- Saludos
- Un abrazo
- Un beso / Besos
- Con mucho cariño
- Con todo mi amor

So drückst du aus, dass dir etwas gefällt:
- Era la mejor decisión...
- Estoy contento/a...
- Es genial...
- Me gusta(n)...
- Me encanta(n)...

5 Meta final: Santiago

sehen
hören
Tr. 5

Miércoles, 17 de julio Después de un duro año de trabajo, mañana por fin empiezo mis vacaciones. Necesito descansar, desconectar, salir de esta ciudad. Ya no puedo más. Y no solo por el estrés del trabajo, sino porque mi vida personal es un caos. Mi psicóloga me ha dicho que necesito espacio para poder tener las ideas claras. Mejor dicho, LA IDEA: Mi problema es que creo que estoy enamorada de Adrián, uno de mis compañeros de oficina. Digo "creo" porque no estoy segura. Y no lo estoy porque también quiero mucho a Lucas.
¿Cuál de los dos es el hombre de mi vida? Para responder a esta pregunta mi psicóloga dice que tengo que "encontrarme". Y que un buen modo de lograrlo es hacer el Camino de Santiago. Sola. Y también escribir este diario. Así que mañana empiezo a caminar desde O Cebreiro los 154 kilómetros de distancia que hay hasta la capital de Galicia.
¡Santiago de Compostela, allá voy!

Jueves, 18 de julio Estoy en Triacastela, después de caminar 21 kilómetros. Ha sido un día duro y estoy cansada, pero también muy contenta, porque realmente creo que el Camino me va a ayudar.
Hoy he visto lo importante que es tener material adecuado: una mochila[1] ligera, unas botas[2] buenas, una gorra[3] y unas gafas de sol, además de llevar siempre agua.
No soy la única peregrina[4] que camina sola. También hay parejas y muchos grupos, pero no es raro ver a gente de

todas las edades que decide hacer el camino sin compañía. Mientras caminas, es fácil hablar con el resto de la gente. Hoy he conocido una pareja de León y un chico de Sevilla muy simpático. Pero en el camino también tienes tiempo para estar solo y pensar. Para pensar en esos dos chicos que no paran de **dar vueltas**[5] en mi cabeza: Lucas y Adrián, Adrián y Lucas. La psicóloga me ha dicho que tengo que escribir sobre ellos, así que, allá voy...

Lucas fue mi novio en la universidad y ahora, cuando estoy a punto de cumplir los 40 años, me llama a veces y vamos a cenar o a ver una película al cine. Él me conoce bien y estoy cómoda con él, pero a veces es un poco aburrido. Es un chico guapo, simpático, educado... Vamos, el marido que todas las madres quieren para sus hijas. Adrián es diferente. La verdad es que él es un poco

1 **mochila** - der Rucksack
2 **botas** - (hier:) der Wanderschuh
3 **gorra** - die Mütze
4 **el/la peregrino/-a** - der Pilger/die Pilgerin
5 **dar vueltas** - (hier:) herumspuken

un "**vividor**[6]". A veces, solo cuando él tiene mucho tiempo libre o no tiene un plan mejor, me escribe un mensaje o me llama y salimos juntos. Entonces quedamos para tomar una copa y bailar. Lo pasamos bien juntos, pero no me puedo imaginar una relación seria con él.
Ya es demasiado tarde, y mañana tengo que levantarme temprano. Me esperan 24 kilómetros hasta llegar a Sarria.

Viernes, 19 de julio Acabo de llegar al hostal. **Estoy hecha polvo**[7]. La etapa de hoy ha sido realmente muy dura. Además, ha hecho mucho calor, con temperaturas de más de 30 grados. Me duelen las piernas y tengo una **ampolla**[8] en un pie. Esta tarde, por un momento, he pensado en **abandonar**[9], en llegar al próximo pueblo y llamar a un taxi para volver casa. Pero entonces ha llegado Santi, el chico sevillano de ayer. Ha hecho una pausa conmigo y después de comer un poco de fruta, hemos caminado los últimos kilómetros juntos. Hablar con él ha sido bueno para mí, ahora me siento más fuerte.
Aquí y ahora, con los pies en el río, escribo este absurdo diario mientras tomo una cerveza bien fría. Y ya me siento mejor. Mucho mejor. Esta noche voy a dormir como una niña pequeña.

Sábado, 20 de julio No sé si voy a encontrarme a mí misma o si al final de este viaje voy a saber si estoy realmente enamorada de Adrián o de Lucas, pero de algo estoy segura: la experiencia es fantástica. Hoy he pensado muy poco en Adrián, pero tampoco me he acordado mucho de Lucas. Por la mañana he caminado todo el tiempo sola, pero después de comer, he ido con un grupo bastante grande, con gente de México, Madrid e Italia, además de mis "antiguos compañeros" de León y Sevilla. Casi todos hacemos más o menos las mismas etapas y dormimos en los mismos pueblos, así que no es raro encontrar

a la gente todos los días. Algunos también pasan la noche en los mismos **albergues**.
Ya no me duelen los pies y mis piernas están mejor.

Domingo, 21 de julio Todo esto es muy intenso. Tengo compañeros de viaje que ya son amigos de verdad. Mientras caminas tienes mucho tiempo para hablar. Puedes contar toda tu vida, tus secretos... y al final del día tienes la sensación de que conoces muy bien a la persona que va a tu lado durante horas. Quizás mejor que a Adrián y Lucas. Definitivamente, hacer el Camino es una gran idea.

Lunes, 22 de julio Ya solo quedan dos días y me da pena pensar en el final. Hoy he caminado todo el día con Santi y con un chico de Toledo. Ellos duermen en el albergue, pero yo paso la noche en un hotel. Y no escribo más porque hemos quedado para cenar juntos a las nueve y media. Y todavía me tengo que duchar y arreglarme... ¡Chao!

Martes, 23 de julio Ya casi estamos en Santiago. Acabo de notar que escribo en la primera persona del plural, porque realmente me siento como parte de un grupo. Hoy, otra vez, no he caminado sola. Primero charlas con unos, después con otros.

6 **el vividor** – (hier, ugs.) der Windhund
7 **estar hecho/-a polvo** – (ugs.) fix und fertig sein
8 **la ampolla** – die Blase
9 **abandonar** – aufgeben

Comes con una parte del grupo... ¿Quién se acuerda todavía de Adrián y Lucas?

Miércoles, 24 de julio ¡Ya estoy en Santiago de Compostela! Ya hemos llegado a la ciudad, que además, hoy celebra la noche más importante del año, con unos fantásticos fuegos artificiales[10]. Hemos dado un paseo por la zona vieja y ¡es espectacular! La llegada a la Plaza del Obradoiro ha sido emocionante. He entrado con un grupo de 14 personas y nos hemos dado un abrazo. Ahora, para celebrarlo, vamos a cenar juntos en un restaurante muy cerca de la catedral. Santi me recoge en 20 minutos... ¡Me voy!

Jueves, 25 de julio Hoy es fiesta en Galicia, porque es el día de Santiago. Para mí también es el día de Santiago, pero no el Apóstol, sino el chico de Sevilla que creo que me ha robado el corazón después de una semana juntos y la fantástica noche de ayer.

Aquí y ahora, al final del Camino, sé que mi meta en realidad se llama Santi; Santiago.

la torre
der Turm

Platz mit der Kathedrale von Santiago de Compostela und Endstation des Jakobswegs

el muro
die Mauer

10 **los fuegos artificiales –** das Feuerwerk

Mache dich auf den Weg nach Nordspanien! Hör dir die Geschichte an und male nebenher die Jakobsmuschel, das ikonische Symbol des Jakobswegs aus. Träume dich weg in die traumhafte Landschaft des Camino del Norte unten auf dem Bild, eines berühmten Ablegers des Jakobsweges, der an der nordspanischen Küste entlangführt ... Notiere anschließend am Rand Wörter aus der letzten Geschichte, die zum Thema Wandern auf dem Camino passen.

6 El año de Erasmus

Fluss, der durch das nordspanische Burgos fließt

sehen
hören
Tr. 6

Max está desayunando en un café con vistas al río Arlanzón. Es algo que hace los sábados, mientras lee el periódico: unas perrunillas y un café bien cargado[1]. Hace ya bastante calor, aunque apenas son las diez de la mañana. Pero en junio las temperaturas en Burgos pueden llegar a ser altas. Su año Erasmus está llegando a su fin. La realidad ha sido muy diferente a su idea inicial para este año: muchos amigos burgaleses[2], hablar mucho español, ir a muchas fiestas, viajar mucho por España y, sobre todo, tener una novia española. Bueno, tener una novia, sin importar de dónde. No ha habido ni muchos amigos burgaleses, ni ha hablado tanto español, ni ha ido a fiestas ni tiene novia. Es verdad que tiene algún conocido español, pero amigo no puede decir. Para él la diferencia entre "Bekannte" y "Freund" es todavía importante. En España todos se llaman amigos muy rápido. Sin embargo, sí que ha viajado bastante, sobre todo por Castilla-León. Y Burgos la conoce ya perfectamente. La catedral de Burgos le recuerda a la de Colonia, su ciudad natal.

"Bueno, la de Colonia siempre va a ser la más bonita del mundo", piensa.

la perrunilla
das Schmalzgebäck

Die Kathedrale von Burgos stammt aus dem 13. Jh. und zählt zum Weltkulturerbe der UNESCO.

Con las chicas no ha tenido suerte, pero esto no es nuevo. En Alemania tampoco tiene mucho éxito. Puede ser por su carácter tímido, puede ser porque no es un Adonis. Cuando se mira al espejo, ve un chico muy **delgado**[3] y **pálido**[4], con los ojos verdes y el pelo castaño. Sueña que es otro chico: un chico muy fuerte y masculino. Un típico macho que gusta a las chicas. Pero en el espejo siempre ve el mismo chico flaco y sin color.

Vuelve caminando a su piso por la orilla del Arlanzón y se pasa la tarde estudiando para el examen del día siguiente.

Es lunes y Max está sentado ya en el aula. Los otros estudiantes comentan preguntas y dudas de la materia, "Sintaxis diacrónica del español". Ha intentado hablar con algunos durante el curso. Reaccionan siempre de forma muy amable y prometen muchas cosas como "Ah, tenemos que quedar, te voy a enseñar un local de música que vas a **flipar**[5]. Te llamo un día…". Max sabe que un día es nunca.

El profesor entra finalmente, reparte las hojas y todos empiezan a escribir en silencio. De repente, Max siente que le tocan la espalda.

—Eh, chico, pon la hoja más a la derecha para poder **copiar**. Que no he estudiado nada, anda.

1 **cargado/-a -** (hier:) stark
2 **burgalés / burgalesa -** aus Burgos
3 **delgado/-a -** dünn
4 **pálido/-a -** blass
5 **flipar -** ausflippen

Max no se atreve[6] a volverse. El profesor parece escondido detrás del periódico abierto, pero en cualquier momento puede bajarlo para mirar. Sabe que detrás tiene a Carmen, una chica guapísima en la que se ha fijado varias veces. Su corazón late muy rápido. No le gusta la idea de hacer trampas[7]. Sin embargo, pone la hoja más a la derecha y la chica, que está sentada en la fila superior detrás de él, empieza a escribir.

Cuando el examen termina, Carmen se acerca a Max:

—Gracias, me has salvado[8] la vida.

Max cierra los ojos un segundo y finalmente se atreve a preguntar:

—¿Te apetece ir a tomar un café hoy por la tarde después de las clases?

Carmen lo mira con curiosidad.

—Bueno, pero solo tomar un café, que vosotros, los chicos,

Eines der zwölf Stadttore von **Burgos**, das im 16. Jh. in Form eines Triumphbogens zu Ehren **Karl V.** neu erbaut wurde.

luego no conocéis límites.
Max se pone rojo y Carmen se ríe:
—Te has puesto rojo. ¡Lo he dicho en broma! Vale, a las cinco en el café de la Facultad.
Carmen se va luego con su grupo de amigos.
—Oye, tía[9], ¿has visto que hay un concierto de Supersubmarina[10] la semana próxima? ¿Te vienes?
—Sí, lo he visto, pero estoy sin un duro[11], tía. La próxima vez.
—¿Y qué tal el examen?
—Pues bien, pero porque le he copiado al guiri[12] ese... —y cuando lo dice, señala a Max, y este siente que se quiere morir de vergüenza[13] y se va.

Esa tarde a las cinco, Max está sentado en la cafetería de la Facultad. Pasan los minutos, sabe que los españoles no son muy puntuales, pero cuando a las seis ya no queda casi nadie y el camarero le dice que van a cerrar, Max se levanta, coge sus libros y se marcha a su casa. Distraído[14] camina por el casco antiguo y pasa por el Arco de Santa María, uno de sus lugares favoritos de la ciudad. Pero hoy ni se fija en[15] él. Está demasiado decepcionado[16]. En su mano lleva las entradas para el concierto de Supersubmarina que ha comprado antes con la intención de invitar a Carmen a ir.

6 **atreverse** - sich trauen
7 **hacer trampas** - schummeln
8 **salvar** - retten
9 **el/la tío/-a (ugs.)** - der/die Alte
10 **Supersubmarina** - spanische Indie-Rock-Band
11 **estar sin un duro (ugs.)** - pleite sein
12 **el/la guiri (ugs.)** - der/die Ausländer/in
13 **la vergüenza** - die Scham
14 **distraído/-a** - zerstreut
15 **fijarse en algo / alguien** - etw. / jmdn. bemerken
16 **decepcionado/-a** - enttäuscht

La semana siguiente tienen el último examen del curso. No ha vuelto a ver[17] a Carmen hasta ese día. Max intenta no mirarla, pero ella va hacia él.

—Chico, perdóname por no ir la semana pasada a la cafetería. Problemas con la familia, ya sabes... ¿Cómo estás?

—Bien, estoy bien.

Carmen se acerca y le pregunta muy bajo:

—Mira, estoy desesperada, no he podido estudiar nada. ¿Te importa si me vuelvo a sentar detrás de ti y me enseñas tus preguntas? Va a ser la última vez, te lo prometo. Y después podemos ir a tomar todos los cafés del mundo.

El profesor entra en el aula, reparte los exámenes, todos escriben en silencio y Max pone la hoja de respuestas hacia la derecha. Cuando terminan el examen, Carmen lo espera en la puerta.

—Gracias, de nuevo. ¿Quedamos por la tarde en el café de la cafetería? ¿A las cinco?

—Vale.

El sábado por la noche Max está saltando en el concierto de Supersubmarina. Por supuesto, Carmen no ha aparecido en la cafetería. Pero ahora canta con todas sus fuerzas y siente que la vida es muy bonita. No está enfadado. Él no ha perdido gran cosa. Pero Carmen sí. Y sus ojos verdes brillan con las luces de neón y su pelo está empapado de sudor[18] por el calor y el baile. Está contento.

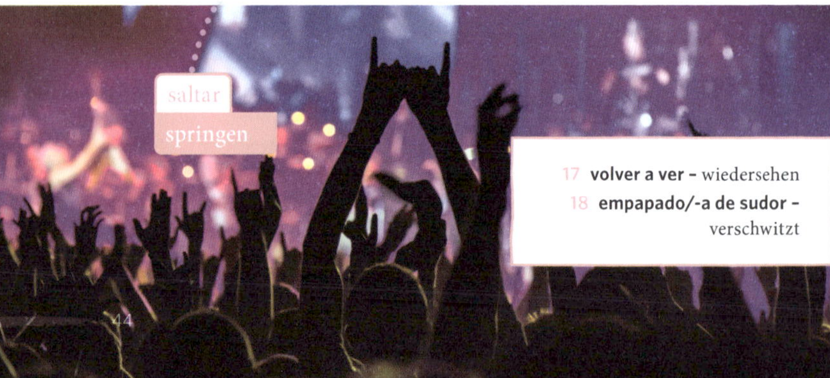

saltar
springen

17 **volver a ver** - wiedersehen

18 **empapado/-a de sudor** - verschwitzt

Kongress- und Kulturzentrum sowie Austragungsort des Internationalen Filmfestivals von **San Sebastián**.

7 Kursaal

sehen
hören
Tr. 7

Francisco pasea entre los invitados después de la proyección de la película en el **Kursaal** de San Sebastián. Lleva una **bandeja** con copas de cava y las ofrece con una sonrisa. Es septiembre y el primer día del Festival de Cine de San Sebastián. Francisco es camarero desde siempre. Lo ha sido ya desde la universidad: al principio como algo temporal; ahora ya lo hace desde hace veinte años y sabe que va a ser así para siempre. No dura mucho en el mismo bar o restaurante.

das Tablett

Lo **contratan**[1] por unos meses y después lo **despiden**[2] para no tener que hacerle fijo. Es así en el sector de la gastronomía. Pero el verano es un buen mes, pues hay

1 **contratar –** einstellen
2 **despedir –** entlassen

la propina
das Trinkgeld

muchos turistas y las **propinas** son generosas. Esto pasa, sobre todo, durante el Festival. Las jornadas de trabajo son largas y difíciles, pero el dinero es proporcional.

Los actores y actrices todavía le fascinan, aunque el cine no lo hace. Las historias son todas muy parecidas y artificiales. El **estreno**[3] de hoy es la película "En tus brazos", y la protagonista es Stefanie Burmeister. La ha visto en varios anuncios de la calle y en **portadas**[4] de revistas que no lee. Ahora la ve allí, a pocos metros. Es tan guapa como en la publicidad. Ella ahora es el centro. Él se siente **invisible**[5]: se ve, pero no se ve. Es como las lámparas o las alfombras. Pero no le importa. Sabe que no es personal.

Cuando termina el trabajo y se cambia de ropa, ya es más de medianoche. Camina hacia su casa con la imagen de Stefanie en la cabeza. Mira en el móvil si en su **aplicación**[6] de contactos hay alguna novedad. Sí, un par de chicas que quieren **ligar**[7] y vivir su aventura de verano durante el Festival.

Hay una MartinaJ95. La foto no está mal, aunque todas parecen al final un poco las mismas. Él tiene todavía una foto de hace diez años. Es mentir, pero todos lo hacen.

La chica tarda en responder.
—Quizás mañana.
Conoce bastante bien el código: "mañana" suele significar "si no tengo mejor opción". Pero sabe que no es algo personal tampoco. Él también dice a veces "mañana". Bueno, no tantas veces. A partir de cuarenta ya no puedes elegir.
Vive en un pequeño apartamento que **comparte**[8] con Emilio, otro camarero. Pero Emilio tiene un trabajo fijo en un restaurante de cocina vasca bastante bueno. Allí pagan bien. Al contrario que Francisco, Emilio no usa las aplicaciones de contactos. Prefiere pasar las horas jugando en la consola.
—Un *gamer*, **tío**[9], ser *gamer* es mejor. Mejor que buscar.
—¿Buscar? Buscar ¿qué?
—Pues el amor, tío, el amor.
El amor. Nunca piensa en esto. Solamente a veces, cuando ve fotos de hace tiempo, como esa foto del perfil, y piensa cómo será la vida dentro de diez años

3 **el estreno** - die Premiere
4 **la portada** - die Titelseite
5 **invisible** - unsichtbar
6 **la aplicación** - die App(likation)
7 **ligar (con alguien) (ugs.)** - mit jmdm. flirten / jmdn. aufreißen
8 **compartir** - teilen
9 **(el/la) tío/-a (hier, ugs.:)** - Alte/r

más. ¿Va a ser todavía camarero? ¿Va a vivir todavía con Emilio? ¿Va a poder encontrarse con mujeres a través de la aplicación? ¿Y dentro de veinte?

A veces mira Instagram o Facebook. La mayoría de sus amigos aparecen sonrientes con familia, delante de la torre Eiffel o el Big Ben. O practicando algún deporte en la naturaleza. Pero trata de no mirar estas cosas. Le **hacen daño**[10]. Después de tomar una ducha y escribir "hola guapa" a un par de chicas más que no responden, decide dormir.

Está de nuevo en Kursaal con su bandeja de copas de cava. Está de buen humor porque MartinaJ95 le ha confirmado una **cita**[11] a las nueve de la noche. De repente, alguien le toca el brazo. Se vuelve. Es la actriz del día anterior.

—Perdón, ¿puedo tener una copa? Me muero de sed.

—Por supuesto —dice Francisco con una sonrisa.

Stefanie Burmeister toma la copa y bebe un poco. No dice nada. Mira a su alrededor.

—Mañana voy a estar en otro sitio. Y usted le va a dar la copa a otra persona. ¿No es rara la vida? Uno es una presencia casual. O una **ausencia**[12] casual.

Francisco no sabe qué decir. No es muy bueno reaccionando a estas reflexiones.

—Echo de menos mi casa, mi marido, mis hijos, mis padres, mis amigos. Usted va a pensar que lo tengo todo. Y lo tengo todo, pero no es aquí, en este Kursaal. Estas luces son secundarias.

Stefanie le **devuelve**[13] la copa y sonríe.

—Gracias. Y gracias por escuchar.

Francisco hace un gesto con la cabeza y la ve **alejarse**[14] entre la gente.

Después del trabajo camina hacia el "Casablanca", un café

beliebte Strandpromenade in San Sebastián

antiguo cerca del **paseo de la Concha**.

Cuando se acerca, reconoce a través de los **cristales** a MartinaJ95 por la foto del perfil.

"Una foto de hace diez años", piensa.

Se queda parado en la puerta con la mano en el **picaporte**[15].

MartinaJ95 mira su móvil. Cuando levanta la cabeza para ver si Francisco ha llegado, no ve a nadie.

Francisco no ha entrado en el "Casablanca". Cuando llega a su casa, desinstala la aplicación de contactos.

Todavía no sabe cómo, pero va a hacer lo posible para no ser una presencia casual. Ni una ausencia casual. Simplemente quiere ser.

LERNTIPP: LERNEN MIT GESTEN

Versuche, dir für die neuen Wörter aus dieser Geschichte passende Gesten auszudenken. Führe die Gesten aus, während du die Wörter laut aussprichst. Durch das Benutzen mehrerer Sinne gleichzeitig verknüpft sich Neues besser und du kannst dir die neuen Wörter besser merken.

el cristal

das (Schau)fenster

10 **hacer daño a alguien** - jmdm. wehtun

11 **la cita** - das Date

12 **la ausencia** - die Abwesenheit

13 **devolver** - zurückgeben

14 **alejarse** - sich entfernen

15 **el picaporte** - die Türklinke

Triángulos vegetales

TAPAS AUS SAN SEBASTIÁN

Die **Triángulos vegetales** (wörtlich: vegetarische Dreiecke) sind nur eine von vielen Variationen der allseits beliebten spanischen Tapas. Im baskischen Norden Spaniens heißen diese Pintxos (gesprochen: Pinchos) und sind meist Brot- oder Baguettescheiben, die mit allerlei Köstlichkeiten belegt sind.

Zutaten:

1 huevo - **1** tomate - **1** cogollo de lechuga - **3** cucharadas de mayonesa - **2** rebanadas de pan de molde - **1** ramita de perejil

1. *Das Ei kochen, abkühlen lassen und pellen.*
2. *Die Tomate würfeln, den Salat in Streifen schneiden und beides mit der Mayonnaise vermischen. Das Ei darüber reiben und umrühren.*
3. *Die Brotscheiben knusprig toasten und in vier Dreiecke teilen. Mit der Mischung bestreichen und mit Petersilie dekorieren. Kalt servieren.*

las rebanadas de pan de molde - Scheiben Toastbrot
el cogollo de lechuga - das Salatherz
la cucharada - der Löffel (als Maßeinheit)
la ramita - der kleine Zweig

EINE INSPIRATION FÜRS LEBEN

Die Schauspielerin Stefanie hat einen bleibenden Eindruck bei Francisco hinterlassen. Lass auch du dich inspirieren und suche dir die schönsten Sprüche und Weisheiten heraus, um dir daraus ein Leporello, ein gefaltetes Heft zu basteln! Auf dem Bild siehst du, wie du ein ganz einfaches vierseitiges Heft faltest. Verziere es nach deinem Geschmack, indem du zum Beispiel Bilder, Sticker oder getrocknete Blumen aufklebst, zeichnest oder bunte Hintergründe malst.

POCO A POCO SE ANDA LEJOS.

LA FE MUEVE MONTAÑAS.

LA INTENCIÓN ES LO QUE CUENTA.

QUERER ES PODER.

MAÑANA SERÁ OTRO DÍA.

COMO SE VIVE, SE MUERE.

8 Última llamada[1]

Äquatorialguinea war bis **1968** spanische Kolonie; es ist das einzige afrikanische Land mit Spanisch als Amtssprache.

Das Land ist touristisch weitgehend unberührt und bietet wunderschöne Landschaften.

sehen

hören

Tr. 8

Julián no quería viajar a ningún país si no se hablaba español allí. Rebeca ya se imaginaba por qué: porque ella hablaba inglés y francés muy bien y Julián no podría decir mucho. Era una cuestión de poder. Como todo en esta relación. En el vuelo de Asturias a Madrid apenas habían hablado. Antes habían tenido una discusión muy fuerte por una tontería: la forma de hacer las maletas y lo que había que llevar. Siempre discutían por algo. Y Julián siempre ganaba. Pues Julián podía decir cosas feas y gritar. Sabía muy bien hacerlo. Ella, no. Y al final no podía dormir si Julián no estaba contento con ella. Era una constelación habitual en muchas parejas. Pero esto no la **consolaba**[2].
Por lo tanto, habían elegido **Guinea Ecuatorial**, aunque no sabía muy bien qué podían ver allí.

Sin hablarse, ahora estaban sentados delante de la puerta K62.
—Estimados pasajeros, su vuelo SA983 con destino Malabo tiene un retraso de cuarenta minutos. Perdonen las molestias.
Julián lanzó uno de sus **bufidos**[3] y siguió leyendo su periódico deportivo sin mirar para ella. Rebeca decidió levantarse y pasear. No había mucha gente en el aeropuerto. El **techo ondulado** le gustaba. También le gustaba el material, **madera**[4], porque era como algo humano en un sitio tan artificial. Tenía ganas de llorar. No quería vivir así. Llevaban juntos ya cinco años y desde casi el inicio se repetía este ciclo. Sus amigas ya no querían ni escucharla. Estaban cansadas. Y ella lo entendía. Pues un día decía:
—No **aguanto**[5] más, se acabó.
Y dos días después:
—A ver, en el fondo es bueno, es que tiene un carácter fuerte. Lo importante es que me quiere.
Hasta que su hermana le había dicho un día:
—Julián no sabe querer. Pero tú tampoco te sabes querer. Por eso vais a estar juntos hasta el fin de vuestros días. Yo no quiero hablar más del tema.

1 **la llamada** - (hier:) der Aufruf
2 **consolar** - trösten
3 **el bufido** - (hier:) das verächtliche Schnauben
4 **la madera** - das Holz
5 **aguantar** - aushalten

fühlen

LERNTIPP: LERNEN MIT POST-ITS

Bist du ein Mensch, der sich Dinge am besten merken kann, wenn er sie sieht? Dann kannst du für den Wortschatz dieser Geschichte die Post-it-Methode ausprobieren: Schreibe neue Wörter auf Post-its in unterschiedlichen Farben, zum Beispiel alle Begriffe für das Zurechtfinden am Flughafen auf blaue Zettel und Begriffe rund um die Parfümerie auf gelbe Zettel. Wenn du Wortschatz thematisch strukturierst und diesen mit einer Geschichte assoziierst, kannst du ihn dir leichter merken!

Ahora caminaba por el *duty free*. No le gustaban estas tiendas. Eran prácticamente iguales en todas partes. La gente pensaba que eran productos exclusivos y glamurosos, pero ella no veía nada de eso en perfumes o maquillajes que se vendían en cada esquina del planeta. Pero **reconocía**[6] que tenían un efecto anestésico en momentos como este, momentos en que era mejor pensar en otra cosa.
—¿Le gustaría probar?
Un hombre sonriente estaba delante de ella con un **frasco** de perfume en una mano. Parecía una persona feliz de hacer su profesión.
—Es un nuevo perfume, "Libertad" se llama. ¡Es...maravilloso!
Rebeca aceptó la oferta del hombre de forma automática. Pocos segundos después estaba perfumada de "Libertad" y

fühlen

LERNTIPP: LERNEN MIT DÜFTEN

Du weißt bereits, dass Düfte Konzentration und Merkfähigkeit positiv beeinflussen können. Schnuppere also an deinem Lieblingsparfüm, während du die Geschichte liest oder den neuen Wortschatz lernst!

en la caja del *duty free* con su tarjeta de crédito en la mano.
—¿Desea algo más? ¿Adónde vuela?
Rebeca respondió sin ganas.
—A Malabo.
—Uh, qué lejos. Pues para un viaje tan largo tengo la solución ideal. Mire...
Y el hombre le mostró un frasco de una crema hidratante llamada "Agua de vida".
—En un viaje tan largo en avión la piel necesita hidratación. Y usted seguro que quiere estar guapa para su amor, ¿verdad?
El hombre le sonrió y le **guiñó un ojo**[7].
—Que he visto su anillo. Seguro que lleva poco tiempo casada. Tal vez es el **viaje de novios**[8].

Rebeca no estaba casada ni era el viaje de novios. Y el anillo era de su abuela, pero no le dijo nada. Aquel hombre, **a pesar de todo**[9], le caía bien.
—Vale, me la llevo.
Cuando el hombre le dio la bolsa con los productos, la cogió de las manos de una forma inesperada:
—Le deseo que sea muy feliz. Muy muy feliz. Es usted una mujer muy bella y con un aura extraordinaria. Solo se **merece**[10] lo mejor.
Rebeca se preguntó si este señor le decía esto a cada clienta. Si lo hacía, desde luego era muy buen actor, pues parecía **genuino**[11]. Entonces oyó el **altavoz**[12]:
—Última llamada del vuelo SA983 con destino Malabo, se ruega a los señores pasajeros que acudan urgentemente a la puerta K62.

6 **reconocer** - zugeben
7 **guiñar un ojo a alguien** - jmdm. zuzwinkern
8 **el viaje de novios** - die Hochzeitsreise
9 **a pesar de todo** - trotz allem
10 **merecer** - verdienen
11 **genuino/-a** - echt
12 **el altavoz** - der Lautsprecher

Recollida d'Equipatges
Baggage claim
Gepäckausgabe
Recogida de Equipajes

la salida
der Ausgang

la recogida de equipajes
die Gepäckausgabe

Rebeca estaba parada sin saber qué hacer. Una parte le decía que era mejor no coger ese vuelo. Que lo mejor era seguir la señal que decía "**Salida**" y "**Recogida de equipajes**".

Ya veía en su mente a Julián furioso y la escena en el avión delante de todos. **Apretó**[13] en su mano la bolsa con "Libertad" y "Agua de vida".

—Última llamada para la pasajera Rebeca Piñeiro del vuelo...

Rebeca **se puso en movimiento**. Hacia la puerta K62. Y al final corre hacia el avión, en un intento más de ser feliz.

ponerse en movimiento
sich in Bewegung setzen

13 **apretar** - drücken

9 Vuelo

sehen
hören
Tr. 9

Rebeca se secó una lágrima cuando terminó la película. "En tus brazos".

—Una vez vi a la actriz.

Se lo había dicho el pasajero que tenía al lado y en el que no **se había fijado**[1] hasta ahora.

—Ah, ¿es usted director de cine?

—No —se rio el hombre—, va a quedar **decepcionada**[2], soy camarero. Pero he trabajado varios años en el Festival de Cine de San Sebastián.

—Ah —repitió Rebeca sin saber muy bien qué decir—. Voy al... —dijo señalando el baño al final del pasillo del avión.

—Claro, vaya. Perdone si la he molestado.

Rebeca caminó con cierta dificultad entre las **filas oscuras**. La mayoría de los pasajeros estaba durmiendo.

la fila
(hier:) die Sitzreihe

la cabina
die Kabine

oscuro/-a
dunkel

1 **fijarse en algo / alguien** – etw. / jmdn. bemerken

2 **decepcionado/-a** – enttäuscht

En una de las últimas filas estaba Julián. Ella había entrado en el último minuto en el avión y habían tenido otra discusión más.

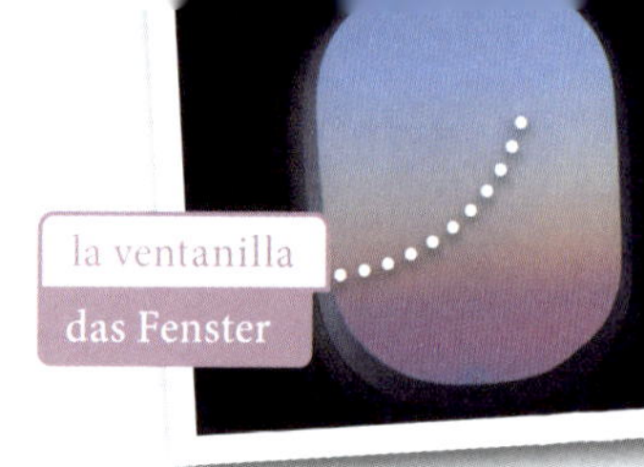

Julián finalmente se había levantado:

—No te **aguanto**[3], eres una **imbécil**[4] —le había dicho para marcharse después al final del avión. Allí había más sitios libres y podía **estirarse**[5] para dormir. En la última fila lo encontró, **roncando**[6] con la boca abierta.

"¡Qué bonito!", pensó Rebeca. Las discusiones podían ser apocalípticas. Al final ella se quedaba fatal sin poder dormir, y él **dormía como una piedra**[7].

Cuando regresó al asiento, el pasajero estaba leyendo el periódico.

—¿Tampoco puede dormir? —le preguntó Rebeca.

—No, no puedo dormir cuando pienso mucho.

—¿Y qué piensa?

—En todo y en nada —respondió el hombre con una gran sonrisa—. Me llamo Francisco y puede tratarme de tú.

Rebeca le dio la mano.

—Yo, Rebeca.

—Sí, ya lo sé. No he podido evitar escuchar antes...

—...la discusión. **¡Qué vergüenza!**[8]

—No, todos discutimos, no es una vergüenza. Una vergüenza sería no discutir nunca, ser indiferente a todo.

—Ya, quizás, pero así, en público. Bueno... ¿Usted va..., perdón, tú vas a Malabo también de vacaciones?

—No, voy a trabajar en un hotel. No sé nada del país ni qué me espera.

—Ah, ¿y no te da, no sé, miedo?

El hombre lanzó un **suspiro**[9].

—Claro, pero un día lo que me dio miedo fue ver que la vida estaba pasando y era una basura.

—Entiendo... —Rebeca se queda pensativa— ¿Y entonces decidiste cambiar?
—Sí. Pero no pensé. Si uno piensa, se queda **paralizado**[10]. Así que un día me puse a mirar ofertas en el extranjero y cuando vi esta, llamé. Me dijeron que sí al instante, me puedo imaginar que no mucha gente quiere trabajar tan lejos, y luego hice lo demás todo junto: **rescindí**[11] el contrato del piso, el del gimnasio, dejé el trabajo, vendí el coche, los muebles y compré el billete.
—Y aquí estás...
—Y aquí estoy.
—Nosotros vamos de vacaciones.
—Sí, lo he oído. Espero no parecer un **cotilla**[12].
—No, para nada. Lo entiendo.
Hubo un par de minutos de silencio. Finalmente, Rebeca **se atrevió**[13] a decir:
—Yo también he pensado muchas veces en cambiar. Pero al final no me he atrevido. Me da miedo **equivocarme**[14].
—Sí, y yo también tengo miedo. Por eso **he quemado las naves**[15], aunque no eran ya muchas. Ahora, si esto sale mal, en verdad puedo ir a cualquier sitio. En San Sebastián me esperan casi solamente malos recuerdos.
—Ya...
—Te propongo un ejercicio. Imagínate que tienes una hermana **gemela**[16]. ¿Qué está haciendo ahora?

3 **aguantar algo / a alguien** – etw. / jmdn. ertragen
4 **el/la imbécil** – der/die Idiotin
5 **estirarse** – sich ausstrecken
6 **roncar** – schnarchen
7 **dormir como una piedra** – wie ein Stein schlafen
8 **¡Qué vergüenza!** – (hier:) Wie peinlich!
9 **el suspiro** – der Seufzer
10 **paralizado/-a** – gelähmt
11 **rescindir** – kündigen
12 **el/la cotilla** – die Klatschbase
13 **atreverse** – sich trauen
14 **equivocarse** – sich täuschen
15 **quemar las naves** – alle Brücken hinter sich abbrechen
16 **gemelo/-a** – Zwillings-

—Una... —Rebeca parece confusa un rato—. Vale, pues mi hermana gemela, ella, ella se llama Silvia. Vive en una ciudad cerca del mar y trabaja..., por ejemplo, sí, trabaja como psicóloga. Y vive sola en un **piso** con mucha luz.

Tiene una perra, se llama Chusca...

Rebeca, de repente, no podía dejar de hablar. Su hermana la fascinaba. Al final era como estar volando, pero no en avión, sino en un mundo de libertad, sin discusiones, sin Julián, sin problemas, sin lágrimas.

Cuando terminó, Francisco le dijo:

—Yo creo que hay mucha vida dentro de ti que está pidiendo salir y ser realidad.

—¿Me vas a dar tu número para contártelo? —le preguntó Rebeca.

—Claro, ¿y tú el tuyo para contarte yo si lo logro también?

Rebeca le extendió la mano y Francisco se la **estrechó**[17] muy fuerte.

—Señores pasajeros, en breves instantes aterrizaremos en el aeropuerto de Malabo, comprueben... —anunció la **azafata**.

—No es el final de un viaje —dijo Francisco—, sino el inicio.

Y Rebeca asintió.

17 **estrechar** - drücke

UND WOVON TRÄUMST DU?

Stell dir vor, der Moment, in dem du dies liest, ist nicht das Ende einer Geschichte, sondern der Anfang – deiner eigenen Geschichte oder der deines imaginären Zwillings: Was würdest du oder dein Zwilling machen oder erleben, wenn du von heute auf morgen dein Leben verlassen könntest? Erstelle eine Collage über deine Träume oder Wünsche oder verfasse alternativ Kurzgeschichten von deinem Zwilling an dich in zehn Jahren: Wo befindet er/sie sich, was sieht, hört, riecht, schmeckt oder fühlt er? Was antwortest du?

10 Una alemana en España

sehen
hören
Tr. 10

Mariana **está harta de**[1] todo. El viaje ha sido largo y pesado. Sus hermanas han tenido destinos mejores, pero para ella ha quedado casi el peor: España. Esto significa que no va a volver a ver su amada patria, ni navegar en el **Rin**[2], ni **cabalgar**[3] por los verdes campos de **Renania**[4].

Mariana se asoma a la ventana de la **carroza**.

"Un país marrón y un sol infernal", piensa. Están a pocos kilómetros de su destino final, **Valladolid**[5]. En esa primavera del año 1690 el calor es insoportable ya.

En ese momento aparece sonriendo Don Miguel, uno de los **caballeros**[6] que la acompañan en el tramo final de su viaje desde Alemania.

—Majestad —le dice en un latín perfecto—, si necesita cualquier cosa, aquí está su **servidor**[7].

Mariana inclina la cabeza y sonríe. Le gusta ese hombre, tan diferente a los de su tierra: moreno, con ojos oscuros como la noche y una sonrisa blanca como el día.

Su dama de compañía y su **confesor**[8] todavía duermen y ella vuelve a mirar el pequeño retrato de su futuro marido, Carlos II, el rey de España. No puede evitar comparar ese hombre feo, de rostro alargado y mirada estúpida, con Don Miguel.

Mit dem von Erbkrankheiten gezeichneten **Karl II.** (1661-1700) starb die spanische Linie des Herrschergeschlechts der Habsburger aus.

—Tal vez no es tan feo —dice en voz baja, aunque no cree mucho sus palabras. Ella es la segunda esposa de **Carlos II** y tiene que lograr lo que la primera no ha logrado: tener un **descendiente**[9]. Está segura de que lo va a conseguir.

"**A fin de cuentas**[10], la primera era una francesa. Y es imposible no ser mejor que una francesa".

Mariana guarda la imagen de su feo marido y se asoma a la ventana de nuevo para ver a Don Miguel y su hermosa sonrisa. Pero lo que ve es la cara de un hombre barbudo con una mirada terrible.

—¡Arg! -grita despertando a su dama de compañía y al confesor.

—Was ist los?

Todo pasa muy rápido. El hombre horrible intenta abrir la puerta, pero alguien lo **empuja**[11] al suelo. Se oyen gritos, **disparos**[12], voces. Se abre la puerta y aparece Don Miguel.

—Majestad, nos están atacando bandidos de las montañas.

La coge en sus brazos. Mariana se siente llevada por el aire y sin saber cómo, está encima de un caballo abrazada a Don Miguel. Galopan durante mucho tiempo. El sonido de los disparos y los gritos se hace poco a poco más débil.

1 **estar harto/-a de algo / alguien -** etw. / jmdn. satt haben
2 **el Rin -** der Rhein
3 **cabalgar -** reiten
4 **Renania -** das Rheinland
5 **Valladolid -** Großstadt in Kastilien-León in Nordspanien
6 **el caballero -** der Ritter
7 **el/la servidor/a -** der/die Diener/in
8 **el confesor -** der Beichtvater
9 **el/la descendiente -** der Nachkomme / die Nachkommin
10 **a fin de cuentas -** letztendlich
11 **empujar -** stoßen
12 **el disparo -** der Schuss

Kleinstadt am Fuße einer Burg in der Provinz Valladolid

el castillo
die Burg

Mariana es cada vez más consciente de lo que pasa. Y **tras**[13] el terror inicial, empieza a sentirse feliz en esa situación desconocida: siente el brazo fuerte de Don Miguel en su cintura, su pelo pelirrojo se ha soltado y **ondea**[14] al viento; el aire ya no es tan caliente en aquella carrera loca. En un momento ven a lo lejos un pueblo.

—**Peñafiel**, en el castillo nos vamos a poder refugiar.

Siente pena[15] cuando baja del caballo. Don Miguel parece nervioso.

—Unos bandidos han atacado el convoy de su majestad —dice Don Miguel al **alcaide**[16] del **castillo**—. Debe encargarse del bienestar de su Majestad. Voy a regresar a ayudar a los otros.

Y tras decir esto, desaparece en su caballo.

Horas más tarde Mariana está cenando con su dama de compañía y su confesor. En la mesa están también los **anfitriones**[17]: el alcaide y su mujer, una señora que habla demasiado. Mariana no puede concentrarse. Quiere preguntar dónde está Don Miguel.

"Solamente para darle las gracias", piensa como una disculpa oficial de su interés.

Pero no hay **rastro**[18] de Don Miguel. A la mañana siguiente llegan soldados del rey para acompañar a Mariana hasta el palacio en Valladolid.

En los últimos kilómetros antes de entrar en la ciudad, Mariana mira los campos de Castilla. Recuerda la aventura del día anterior. Ya no le parecen tan feos ni tristes como antes.

Maria Anna von Österreich (1634-1696) war die Frau von König Philip IV. von Spanien und Mutter von Karl II.

Maria Anna von Pfalz-Neuburg (1667-1740) war die zweite Frau von Karl II.

El día anterior a su **boda**[19] en el monasterio de San Diego, Mariana está menos nerviosa de lo que espera. En cierta forma, le es todo casi igual. Es como un destino que alguien ha decidido por ella y en el que no puede influir. Ha conocido a su futura suegra, que se llama también **Mariana**. No le ha gustado, es antipática y se nota que está acostumbrada a mandar. Pero le parece que le **ha dado el visto bueno**[20]. Todavía no ha visto a su futuro marido y el primer encuentro va a tener lugar esa misma tarde. La han vestido según la moda de España y parece una criatura fantástica, con aquel cuerpo delgado hasta la cintura, una falda inmensa luego y el pelo peinado de una forma extraña.

"Es como tener el pelo de un perro", piensa.

La hacen pasar a una sala llena de espejos. Tiene mucho tiempo para mirarse. Se ve: alta, joven, hermosa.

—Soy **Mariana de Neoburgo**, la reina de España.

Y sabe que no todo está escrito por los demás en su destino. Ella va a ser autora también de su vida. Y siglos después todavía se va a escribir sobre ella.

"Y lo primero que voy a hacer es buscar a Don Miguel", piensa.

Siente pasos al otro lado.

¿Será el rey que llega?

Y entonces la puerta se abre.

13 **tras** - nach
14 **ondear** - wehen
15 **sentir pena** - bedauern
16 **el alcaide** - der Burgvogt
17 **el anfitrión/ la anfitriona** - der/ die Gastgeber/in
18 **el rastro** - die Spur
19 **la boda** - die Hochzeit
20 **dar el visto bueno** - das Einverständnis geben

11 La maldició[1]

Freizeit- und Kulturareal in Valencia, das von **Santiago Calatrava** entworfen wurde

sehen hören Tr. 11

Cuando llegué a casa y Sole abrió la puerta, empecé a **llorar como una Magdalena**[2].

—¿Qué pasa? —me preguntó ya con impaciencia—. Te pasas el día llorando.

—Me **han despedido**[3] —respondí.

—¡¡¡¡Quéeeee???? —gritó mi mujer.

—Sí, me han despedido. La jefa dice que ya no se venden pisos y que tienen quizás que cerrar la empresa. Esto se veía venir. Esta **burbuja inmobiliaria**[4] iba a explotar antes o después.

Sole estaba furiosa.

—Tu jefa es una bruja asquerosa. Vale, hay una crisis y hay que despedir a gente, pero ¿por qué a ti? Esto nos viene en el peor momento.

Era cierto, pues a Sole la habían despedido la semana anterior y teníamos un crédito de treinta años con el banco que había que pagar.

Pero entonces la cara de Sole cambió:

—Tengo una idea. Esta mañana estuve tomando un café con Elsa cerca de la **Ciudad de las Artes y las Ciencias**.

Fuimos hasta allí para escapar de toda esta gente loca que celebra las **Fallas**. Y allí cerca había un **mendigo**[5] que pedía dinero. Entonces, pasó una señora y cuando el mendigo le pidió dinero, ella le dijo algo feo. El mendigo le gritó: "¡Ojalá no vivas para ver a tus hijos hoy!" Y la mujer se rio de él. Pero pocos metros después, le cayó una **maceta** en la cabeza. Vale, la ambulancia la llevó rápidamente al hospital, pero si ahora está viva o no... no lo sé. ¡No te puedes imaginar cómo sangraba!

—¡Dios mío! —exclamé horrorizado.

—Pues ya te puedes imaginar lo que se me acaba de ocurrir...

1 **la maldició** - der Fluch (katal.)
2 **llorar como una Magdalena** -wie ein Schlosshund weinen
3 **despedir** - kündigen
4 **la burbuja inmobiliaria** - die Immobilienblase
5 **el/la mendigo/-a** - der/die Bettler/in

Al día siguiente, Sole y yo estábamos en un café enfrente de la casa de mi jefa. La calle estaba llena de gente que celebraba las Fallas con el típico traje. En esa misma calle, unos grandes **ninots** parecían tener vida propia y contemplar la escena. Hacía mucho viento ese día y partes de ellos se movían de una forma que daba miedo.

— Creo que hoy no van a poder quemar las fallas con este viento —comenté.

Al lado del portal de la casa de mi jefa esperaba el mendigo. Lo habíamos buscado y le habíamos ofrecido 50 euros si pedía allí. Esperábamos la reacción de la jefa al verlo. Seguro que iba a ser terrible y el mendigo le iba a echar una maldición.

No tuvimos que esperar mucho. Veinte minutos después salía la jefa vestida de fallera. El mendigo extendió la mano para pedir dinero. La jefa hizo un gesto de **desprecio**[6] con la mano. Y el mendigo le gritó de forma que hasta ellos lo pudieron escuchar:

—¡Ojalá no vivas para ver a tus hijos hoy!

La jefa se rio como una loca y continuó caminando sin problema hasta que la perdimos de vista. Salimos del café y fuimos hacia el mendigo. Sole estaba enfadadísima.

—¡No ha funcionado! —le dijo al mendigo.

—¿Y qué quiere? No funciona siempre. No soy **infalible**[7]. Ahora quiero mis cincuenta euros.

—No tengo la intención de darte nada. ¡Ni las gracias! Adiós.

El mendigo se levantó. Tenía la cara roja de **ira**[8].

—¡Mala mujer! ¡Ojalá no vivas para ver a tus hijos hoy!

Sole se rio de una forma feísima; cuando se enfada, da mucho miedo y no puedes pararla.

—No tengo hijos, estúpido.

Yo la seguí en silencio hasta que llegamos a casa. Sole no paraba de decir barbaridades. Yo sabía que eso no solucionaba nada, pero que era mejor dejarla hablar. Por la noche, cuando ya parecía más calmada, le propuse ir a ver la **cremá**.

—Ese espectáculo de idiotas... —dijo—. Pero vale. No aguanto estar más en casa.

Las calles de Valencia estaban rojas por las **llamas**[9] de las diferentes fallas. Al final terminamos en la calle de la jefa. Los grandes ninots estaban ardiendo ya.

—¡Qué casualidad! —oí decir a mis espaldas.

6 **el desprecio** - die Verachtung
7 **infalible** - unfehlbar
8 **la ira** - die Wut
9 **la llama**- die Flamme

prachtvolles Prinzessinnen-Kostüm aus Seide und Damast

Cuando me volví, vi a mi jefa, que todavía estaba vestida con el **traje de fallera**.

—Justo ahora volvía a casa, pero antes quería ver cómo ardía esta maravilla...

Sole fue hacia ella:

—¿Cómo es usted capaz de sonreír después de haber despedido a mi marido? Usted...

Pero no le dio tiempo a decir mucho más: de un ninot que ardía saltaron unas **chispas**[10] que alcanzaron el pelo de ambas.

Y aunque hicimos todo lo posible para apagar el pelo que ardía, ambas tuvieron que ir al hospital en ambulancia.

En el hospital encontramos a la señora del tiesto. Por suerte, no se había muerto.

Yo todavía busco al mendigo para darle sus 50 euros. Se los ha ganado.

9 **la chispa –** der Funke

Paella de mariscos

PAELLA MIT MEERESFRÜCHTEN

Der Ursprung der Paella liegt in Valencia, doch es gibt zahlreiche Varianten aus anderen Regionen. Die klassische Paella enthält Kaninchenfleisch, Hühnchen, dicke weiße Bohnen und Stangenbohnen. Auch die Variante mit Meeresfrüchten wird häufig gekocht – am liebsten in der **paellera**, einer riesigen, flachen Pfanne.

Zutaten:

12 mejillones - aceite de oliva - **12** gambas - **200 g** de calamares - **2** tomates (en cuadraditos) - **1** pimiento (en juliana) - **2 dientes** de ajo - **1** hilo de azafrán - **1/2** cucharadita de pimentón dulce - **1 litro** de caldo de pescado - **400 g** de arroz de paella - sal

1. *Miesmuscheln putzen, kochen und beiseite stellen. Garnelen und Tintenfisch separat in Öl anbraten und aus der Pfanne nehmen, ebenso mit dem Tintenfisch vorgehen.*
2. *Tomaten, Paprika und Knoblauch anbraten, den Safran und das Paprikapulver hinzufügen. Mit der Brühe aufgießen, die Meeresfrüchte hineingeben und den Reis gleichmäßig einrühren und mit Salz abschmecken.*
3. *Die Miesmuscheln dekorativ auf der Paella platzieren und das Ganze bei reduzierter Hitze weitere 20 bis 30 Minuten köcheln, bis der Reis gequollen ist.*

las mejillones – Muscheln
en cuadraditos – gewürfelt
en juliana – in Streifen
el hilo de azafrán – Safranfaden
el caldo de pescado – die Fischbrühe

12 El fantasma del castillo

Blanca de Borbón (1339-1361) war Königin von Kastilien; sie wurde von ihrem untreuen Ehemann Pedro I. zunächst eingekerkert und dann, der Legende nach, ermordet.

Eva está pasando un fin de semana con sus amigas en la provincia de Guadalajara[1]. Han visto ya varias cosas, como la propia ciudad de ese nombre o el precioso pueblo de Pastrana. Ahora están delante del castillo de Sigüenza, donde van a pasar la noche. El castillo de Sigüenza alberga un parador[2].

sehen hören Tr. 12

—¿No es emocionante? —pregunta Elisa— ¡Dormir en un castillo!

Eva piensa que Elisa es idiota y que habla demasiado. Pero Elisa tiene mucho dinero y es muy generosa. Por eso es su amiga.

—Dicen que hay un fantasma[3] —añade Josefa.

Eva también piensa que Josefa es un poco estúpida igualmente, no tan estúpida como Elisa, pero tiene coche y ni Elisa ni ella tienen coche.

—A ver, ¿qué fantasma? —pregunta Eva con impaciencia.

—Pues he leído que en este parador hay gente que ha visto el fantasma de la reina Blanca, una francesa que se casó con el rey Pedro I de Castilla. Pero luego él no la quiso y la encerró[4] en este castillo —explica Josefa.

medieval
mittelalterlich

legendenumwobene Burg aus dem 12. Jh., die heute ein staatliches Hotel beherbergt

—¡Qué historia más absurda! ¿Y por qué es un fantasma? —pregunta Eva irritada.
—Pues porque él la hizo matar —dice Josefa con una voz de triunfo.

Eva **pone los ojos en blanco**. Prefiere no contestar y dice:
—Vamos a entrar ya.
Sigüenza es un pueblo precioso, de calles **empinadas** y casas señoriales. Pero, sin duda, es el castillo lo que domina la ciudad. Después de cenar en un restaurante, miran lo que ofrecen varias tiendas hasta que llegan a una que pone: "Pequeño museo de Doña Blanca".
—¿Por qué no entramos? —pregunta Elisa—. Así nos enteramos mejor de la historia del fantasma.
Dentro hay una serie de objetos que pertenecieron supuestamente a la reina: vestidos, documentos y varias **joyas**[5]. No es mucho, pero está bien organizado y con informaciones breves y claras.

poner los ojos en blanco
die Augen verdrehen

empinado/-a
steil

1 **Guadalajara** – Provinz nordöstlich von Madrid
2 **el parador** – Paradores gehören zu der staatlichen Hotelkette „Paradores de Turismo de España“ und befinden sich an historisch bedeutenden Plätzen
3 **el fantasma** – der Geist
4 **encerrar** – einsperren
5 **la joya** – das Schmuckstück

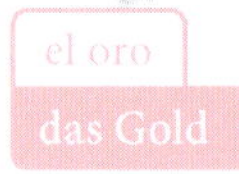

Elisa está preguntando a la chica del museo acerca de más detalles sobre la leyenda, y Eva **aprovecha**[6] ese momento para robar un **anillo** que hay en la exposición. Pues Eva, aparte de mala, es cleptómana.

—¡Qué bien! Siempre he querido tener una joya medieval.

Cuando llegan a la habitación, ella corre al baño y se prueba el anillo.

—¡Perfecto! —dice mientras lo mira fascinada—. Pero aquí no lo voy a poder usar, pues esas dos son unas **cotillas**[7]. Si lo ven, me van a preguntar de dónde lo tengo. Mejor voy a esperar a llegar a Madrid.

Al día siguiente, se levantan temprano para desayunar en el comedor del parador.

—Hemos desayunado como tres reinas —exclama Josefa.

—Pero no he sentido nada raro —añade Elisa—. Ningún fantasma ni nada. He dormido…

—¡…como una reina! —ríe Josefa.

Eva piensa que es imposible hacer **chistes**[8] peores y añade:

—Bueno, como tiene que ser. Eso de los fantasmas es una tontería.

Josefa conduce hasta Madrid y cuando deja a Eva en su casa, esta se despide rápidamente.

—Adiós, guapas, y gracias por el fin de semana inolvidable.
Y corre a su apartamento para ponerse el anillo.
—¡Por fin libre de esas pesadas[9]! ¡Qué anillo maravilloso!
Está tan fascinada que decide dormir con él. A medianoche se despierta con una sed increíble. Se levanta a beber algo de agua y después vuelve a dormir. Hacia las dos siente de nuevo sed y cuando abre los ojos, ¡la ve de pie delante de su cama! Una figura negra, pero no tiene duda, ¡es el fantasma de Doña Blanca! La figura no dice nada, pero no es necesario: su silueta terrible y oscura lo dice todo. En un momento empieza a moverse hacia ella y señala con un dedo la mano de Eva donde está el anillo. Eva reacciona muy rápido y se quita la joya. En ese momento, el fantasma de Doña Blanca desaparece de la habitación.
—Por favor, ¡qué terror! ¡Nunca he sentido nada igual!

Una semana después Eva queda con sus amigas Elisa y Josefa para celebrar el cumpleaños de la primera.
—¡Felicidades, preciosa! —le dice Eva con un beso—. Aquí tienes mi regalo. A ver qué te parece.
—Oh, pero si es un anillo, ¡qué bonito es! ¡Parece muy antiguo!
—Es un anillo de la suerte y de la amistad. Tienes que llevarlo contigo todo el día. Incluso para dormir, ¿me lo prometes?
Elisa asiente con la cabeza[10] sin poder dejar de mirar el anillo.
—Te lo prometo.

6 **aprovechar** – ausnutzen
7 **el/la cotilla** – die Klatschbase
8 **el chiste** – der Witz
9 **el/la pesado/-a** – der/die Nervensäge
10 **asentir con la cabeza** – nicken

13 Como una estrella

disfrazado/-a verkleidet

Auf einer Art Miss-Wahl wird die Kandidatin mit dem prachtvollsten und fantasiereichsten Kostüm zur Karnevalskönigin gewählt.

Mario y Susi estaban ante la directora de la residencia de ancianos una vez más:

—¡No lo voy a tolerar más!

Mario miraba sus manos y Susi se miraba en un pequeño espejo y se pintaba los labios.

—La semana pasada organizaron ustedes una **playa nudista**[1] en el jardín de la residencia y convencieron a casi todos los residentes de esta locura. ¡Al día siguiente estábamos en el periódico! ¿Saben cuántos clientes vinieron a llevarse a sus padres? ¡Siete!

Susi y Mario se miraron sonrientes.

—Y esta mañana aparecen los residentes **maquillados**[2] y **disfrazados** de **reina de Carnaval**, hombres incluidos.

—Nosotros no hemos obligado a nadie —se defendió Susi.

—Y ¿qué hay de malo en todo esto? La gente debe poder hacer en los últimos días de su vida cosas que nunca antes ha hecho. Pues ahora ya nada importa —añadió Mario.

—En verdad, nunca debió importar. La vida es tan corta. Nada debe importar si no hace daño a nadie.

Se creó un silencio de dos segundos hasta que la directora se levantó, dio un golpe en la mesa y gritó:

—A mí lo que me importa es perder residentes. ¡Deben abandonar este lugar dentro de 48 horas! ¿Me han oído?

—Pero ¿adónde vamos a...?

—¡No es mi problema! ¡Fuera de aquí!

Mario y Susi llegaron a su habitación y cerraron la puerta tras sí. Era una habitación muy pequeña, pero bonita. Estaba adornada de fotos y posters de su época de estrellas del cine. Susi se sentó en la cama y empezó a llorar.

—¿Qué vamos a hacer ahora? No tenemos adónde ir.

Mario la miró en silencio. Había compartido sesenta años de su vida con aquella mujer. Habían vivido tiempos malos, malísimos, pero otros llenos de gloria. Ahora eran recuerdos tan llenos de luz que casi dolían. Como mirar al sol directamente.

—**¡Anda!**[3] Vamos a pensar en esto más tarde. Siempre hemos encontrado una solución en el último momento. ¿Qué te parece si vamos a pasear por las calles de Cádiz y ver las **comparsas y chirigotas**?

Gruppen verkleideter Menschen, die in Cádiz zur Karnevalszeit kritische und lustige Lieder singen

La cara de Susi se iluminó.

—¡Sí! Vamos, vamos rápido, a la música, a la alegría...

Poco después estaban caminando por las calles llenas de gente. Era un día maravilloso de marzo, el sol brillaba en un cielo azul sin nubes. La brisa del mar que rodeaba la ciudad era muy suave y templada. Mario compró un par de **pestiños**[4]. En el camino vieron grupos de comparsas y chirigotas que cantaban sus canciones e iban disfrazados en colores muy vivos.

Ein typisch andalusisches Gebäck, das vor allem zu Weihnachten und Ostern gegessen wird

1 **la playa nudista -** der FKK-Strand
2 **maquillado/-a -** geschminkt
3 **¡Anda! -** Komm schon!
4 **pestiños -** andalusisches Gebäck

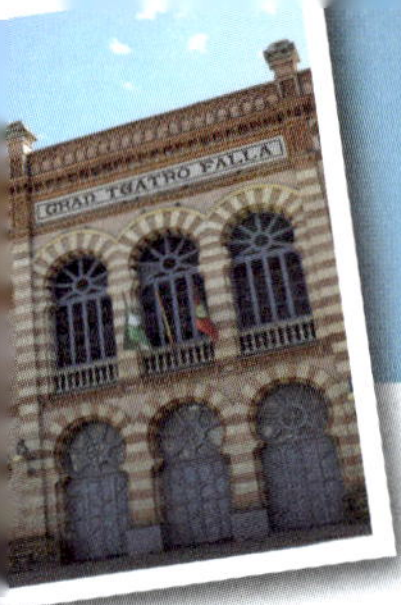

Das **Gran Teatro Falla** besticht durch seine schöne Architektur und ein reichhaltiges Kulturangebot.

Strand in Cádiz mit einem hübschen Holzpavillion

—¡Qué música más alegre! —dijo Susi mirando a la gente con nostalgia.

—¡Y qué risa los textos!

Cuando llegaron a **La Caleta**, se sentaron en un banco a mirar el mar.

—¡Cuántos recuerdos, Mario! ¡Cuánta intensidad! Pero ahora me siento cansada.

—No, pero si queda mucho por vivir...

—Sabes que no es verdad. Tal vez somos realmente dos locos. Tal vez ha estado mal lo que hemos hecho. Y sabes que esta vez no vamos a tener una solución de último minuto.

Mario miró con **ternura**[5] el rostro de Susi, ahora lleno de **arrugas**[6].

—Sabes, yo siempre quise ser una estrella y dar luz, **brillar**[7]. ¿Hay algo más bonito que eso? Dar luz, ser luz —dijo Susi con una voz que apenas se podía oír.

Regresaron a la residencia pasando por el **teatro Falla**, donde iban las diferentes agrupaciones para participar en el concurso en el que se iba a elegir a la mejor de ese año. Después continuaron por el **Parque del Genovés**, el **Baluarte de la Candelaria** y la **alameda**[8]. El sonido de la música y las canciones se fue haciendo más débil. Cuando llegaron a la residencia, todos los miraron con una mezcla de simpatía y miedo. Susi y Mario eran la fuente de cambios y diversión,

Bastion in einer Festungsanlage in Cádiz

Parque del Genovés

pero también de problemas con la directora.
—¿Qué vamos a hacer mañana? —se atrevió a preguntar Don Gervasio desde su silla de ruedas.
Susi lo miró con tristeza y contestó:
—Vamos a pensar. Pero va a ser algo mágico.
Al llegar a su habitación, se acostaron en la cama abrazados hasta que ambos se durmieron.
A medianoche la luna entraba intensamente por la ventana abierta. Mario se despertó y sintió la respiración **leve**[9] de Susi. Le tomó la mano y sus ojos se llenaron de lágrimas. El pulso era tan débil como el de un pájaro. Como pudo la cogió en brazos, la llevó al jardín y la acostó en el **césped**[10]. Fue a la habitación y regresó poco después. Le fue quitando la ropa y cuando estuvo desnuda, cogió el espray de pintura dorada y le cubrió todo el cuerpo de color oro. Le dio un beso y abandonó el jardín.

la oscuridad – die Dunkelheit
la luz de la luna – der Mondschein
brillar – leuchten

Cuando la directora del centro abrió la puerta de la residencia, era todavía muy temprano. El sol empezaba a **asomarse**[11]. Iba a entrar en su despacho cuando algo le llamó la atención en el jardín: una luz dorada que brillaba de forma **incandescente**[12] con los primeros rayos de sol.
—Parece una estrella —dijo para sí antes de acercarse y ver el cuerpo de Susi en el césped.

Tenía los ojos cerrados. Sonreía.

5 **la ternura** – die Zärtlichkeit
6 **la arruga** – die Falte
7 **brillar** – leuchten
8 **la alameda** – die Uferpromenade
9 **leve** – (hier:) flach
10 **el césped** – der Rasen
11 **asomarse** – (hier:) aufgehen
12 **incandescente** – glühend

14 Paraíso

sehen

hören

Tr. 14

Ingrid estaba deprimida. No, deprimida no, muy deprimida. Era su cincuenta cumpleaños y sus amigas le habían organizado una pequeña fiesta-sorpresa. Odiaba las sorpresas. Odiaba las fiestas.

—¡Más vino! —gritó Maike, que parecía haber organizado la fiesta para tener una excusa para beber mucho.

Ingrid estaba en una gran crisis: su marido se había divorciado para irse con una mujer más joven, sus hijos se habían ido de casa y vivían muy lejos, se veía **arrugada**[1], tenía que **teñir**[2] el pelo con cada vez más frecuencia. Total: se sentía vieja, **fracasada**[3], sola, sin ilusión.

—¡El regalo, el regalo! —exclamó Alexandra.
De repente, Ingrid tuvo un **sobre** en la mano. Lo abrió y era un **vale** por una semana en **La Gomera**.

"La Gomera", pensó, "¿qué hago yo sola en la Gomera?"
Pero sus amigas ya le dieron la respuesta a modo de coro:
—Allí vas a poder desconectar.
—Vas a relajarte y recargar vitamina D.
—Vas a tomar tapas y beber mucho vino español —esto lo dijo Maike.
—Vas a conocer hombres y **ligar**[4].

1 **arrugado/-a** - faltig
2 **teñir** - färben
3 **fracasado/-a** - gescheitert
4 **ligar (con alguien) (ugs.)** - mit jmdm. flirten / jmdn. aufreißen

Una semana después Ingrid **desembarcó**[5] en La Gomera. Su hotel estaba en la capital, San Sebastián, una ciudad muy pequeña que vio en una tarde. Se bañó en la playa al atardecer y pensó que la idea de sus amigas no estaba tan mal. Llevaba un curso para recuperar algo de español de sus cursos de la "Volkshochschule". Acostada al sol sobre la arena negra, repetía:

—Me llamo Ingrid y soy de Alemania.

Un sábado estaba en un autobús para hacer una ruta organizada por el **parque nacional de Garajonay**[6] y admirar la **laurisilva**. La mayoría de los turistas eran alemanes y esto enfadaba a Ingrid. Sabía que era absurdo, pues ella misma era alemana. Pero simplemente le molestaba. Ella quería desconectar totalmente y no tener ninguna sensación de contacto con su pasado. Pero la sensación de **fastidio**[7] se hizo cada vez mayor, sobre todo con unos tal Müller que protestaban por todo. Así que, en el medio de la ruta, Ingrid **se hartó de**[8] tanta gente, decidió alejarse un poco del grupo y volver luego ella sola al autobús con la ayuda del GPS del móvil. El ambiente era **bochornoso**[9], pero la laurisilva tenía algo fascinante, con sus plantas y árboles de gran tamaño.

Einzigartig ist der Lorbeerwald von Gomera, der auch Nebelwald genannt wird. Dieser mysteriöse und zauberhafte Wald ist der größte zusammenhängende immergrüne Feuchtwald der Welt. Es gibt dort mehr als ein Dutzend verschiedene Lorbeerarten.

Der Ort ist wahrlich magisch: dichtes Moos, meterlange Flechten und ein feuchter Dunst sorgen für eine märchenhafte Stimmung.

Tan hipnotizada estaba que no **se percató de**[10] una **raíz**[11] grande y cayó por una **pendiente**[12] Cuando llegó al fondo, tuvo la sensación de que se había roto todos los huesos del cuerpo.

"Ha llegado la hora de mi muerte. Voy a repasar mi vida y tranquilizarme", pensó.

Pero lo primero que le vino a la mente fue la imagen de su exmarido con su joven mujer y empezó a llorar. Poco después, cuando intentó levantarse, comprobó que se había roto solamente un pie. Su móvil se había caído en algún lado de la pendiente. El sol estaba más bajo y empezó a **entrar en pánico**[13].

5 **desembarcar** – an Land gehen
6 **el Parque nacional de Garajonay** – Nationalpark von La Gomera
7 **el fastidio** – der Ärger
8 **hartarse de algo / alguien** – (ugs.) etw. / jmdn. satt haben
9 **bochornoso/-a** – schwül
10 **percatarse de algo** – etw. bemerken
11 **la raíz** – die Wurzel
12 **la pendiente** – der Abhang
13 **entrar en pánico** – in Panik geraten

—¡Ayuda, ayuda! —gritó, pero nadie parecía oírla.
"Sin duda, voy morir" se dijo a sí misma.
Y entonces oyó una especie de **silbido**[14], como de un pájaro especial. No era música, pero se parecía. A veces, más cercano, a veces más lejano.
"Al menos, voy a morir con una música más agradable que las canciones *Schlager* que escuchan mis vecinos", pensó.
Un hombre apareció en lo alto de la pendiente y lanzó un silbido.
—Así que es un hombre y no un pájaro —dijo antes de empezar a agitar los brazos y gritar— ¡Aquí, aquí!
El hombre descendió hasta donde estaba ella y cuando vio la situación, la tomó en sus brazos y con esfuerzo logró subirla hasta el camino.
—Me llamo Ingrid y soy de Alemania —fue lo primero que dijo.
El hombre tenía unos cuarenta años y la piel muy oscura. Ingrid deseó besarlo, pero pensó que iba a parecer una **guiri**[15] desesperada y no lo hizo.

AM RANDE DES **PARQUE NACIONAL DE GARAJONAY** LIEGT DER AUSSICHTSPUNKT **MIRADOR DE IGUALERO.** HIER STOßEN SIE AUF DAS DENKMAL **SILBO GOMERO,** DAS DIE PFEIFSPRACHE EHRT; SIE IST TEIL DES UNESCO-WELTKULTURERBES.

"Aunque estoy desesperada", pensó.
Ingrid volvió a La Gomera cuatro meses después, pero para quedarse para siempre. Descubrió que el hombre se llamaba Juan, se dedicaba a la **silvicultura**[16] y había comunicado el lugar donde ella estaba a sus compañeros usando el **silbo gomero**. De nuevo, sentía que tenía ganas de vivir y hacer cosas.
—La vida termina si uno la deja terminar — se dijo, mientras paseaba con Juan por la laurisilva muy cerca del sitio donde se habían visto por primera vez.

Poco después empezó a trabajar como guía para esos turistas alemanes que le habían parecido horribles en su día. Ahora los veía de forma más positiva. Pues, aunque quería tener su nuevo hogar en La Gomera, sus raíces siempre iban a ser Alemania.
La primera en visitarla fue Maike, quien insistió en brindar con cerveza de Múnich y cantar:
—*Ein Prosit, ein Prosit der Gemütlichkeit ...*

akustisches Kommunikationssystem auf Basis der spanischen Sprache, das aus Pfiffen besteht und mit dem man sich – auch heute noch - über längere Distanzen verständigen kann

14 **el silbido** - der Pfiff
15 **el/la guiri (ugs.)** - der/die Ausländer/in
16 **la silvicultura** - die Forstwirtschaft

Salmorejo

KALTE TOMATENSUPPE AUS ANDALUSIEN

In den vorherigen beiden Geschichten haben dich die Autoren nach Andalusien und auf die kanarischen Inseln mitgenommen. Nun reisen wir auch kulinarisch dorthin! An der Küste Andalusiens isst man gerne Fisch, im Landesinneren eher Fleischgerichte. Die Salmorejo ist ein Klassiker aus der Gegend rund um Córdoba.

Zutaten:

1 kg de tomates - concentrado de tomate - **2 cucharas** de vinagre de vino blanco - sal - **3 dientes** de ajo - **1/2 barra** de pan - **8 cucharas** de aceite de oliva

1. *Die Tomaten grob würfeln und mit Tomatenmark würzen, falls sie nicht besonders aromatisch sind. Den Essig mit 1 EL Salz und den grob gewürfelten Knoblauchzehen hinzugeben. Mit dem Stabmixer pürieren.*
2. *Das Baguette hineinbröckeln und mit einem Löffel unterheben. Kurz einweichen lassen und erneut pürieren.*
3. *Das Olivenöl in zwei Portionen hineingeben und mit Salz, Essig und Tomatenmark abschmecken.*
4. *Die Salmorejo kalt und mit Baguettescheiben, Manchegokäse, Serrano-Schinken oder einem Ei servieren.*

el concentrado de tomate – Tomatenmark
el vinagre de vino blanco – Weißweinessig
la barra de pan – das Baguette

Bienmesabe

NACHTISCH VON DEN KANAREN

Bienmesabe heißt wörtlich übersetzt „schmeckt mir gut" und der Name ist wirklich Programm! Dieser süße Nachtisch ist – wie viele andere Gerichte der spanischen Küche – durch die arabische Küche beeinflusst. Besonders lecker schmeckt er, wenn er mit Vanilleeis oder Löffelbiskuit serviert wird.

Zutaten:

300 g de almendras molidas **- 450 ml** de agua **- 300 g** de azúcar **- 1/2 cucharadita** de canela **-** la cáscara rallada de **1 limón - 3** huevos

1. *Die Mandeln anrösten.*
2. *Das Wasser in einer Pfanne zum Kochen bringen, Zucker hinzufügen und unter Rühren erhitzen, bis der Zucker gelöst ist. Mandeln, Zimt und Zitronenschale hinzufügen. Die Hitze reduzieren und unter ständigem Rühren etwa 5 Minuten lang kochen, bis die Flüssigkeit dick wird. Dann die Masse eine halbe Stunde lang abkühlen lassen.*
3. *Die Eier trennen, die Eigelbe schaumig schlagen und unter ständigem Rühren in die Masse geben. Das Ganze erneut bei mittlerer Hitze zum Kochen bringen und vom Herd nehmen. Etwas abkühlen lassen, dann servieren.*

las almendras molidas – die gemahlenen Mandeln
la canela – der Zimt
la cáscara rallada – abgeriebene Schale

Touristenhochburg an der Costa del Sol in Andalusien

15 Vacaciones en el feísmo

sehen
hören
Tr. 15

Marco no podía creerse que, otro verano más, estaba en un apartamento pequeño y horrible de un edificio espantoso de **Torremolinos**. Pero sí, era verdad. Al menos, este año sus padres no le obligaban a ir a la playa con ellos.

"Nada de sol, de arena, de agua llena de gente, de gritos...", pensó, mientras miraba con envidia las fotos de sus amigos en Instagram. Algunos se habían quedado en Madrid y tenían la ciudad para ellos solos; otros estaban en lugares que se podían decir de verdad de vacaciones: Estados Unidos, Inglaterra...

Cada año los apartamentos subían de precio y por eso esta vez sus padres habían alquilado uno con terraza compartida.

"Me tendré que pasar agosto en la habitación", pensó **disgustado**[1], pues no quería relacionarse con nadie.

Un día, sin embargo, cansado de estar en su cama y de mirar fotos que lo deprimían, salió a la terraza. Allí se encontró con un chico de más o menos su misma edad que escuchaba música. Era un chico delgado y de pelo castaño. Parecía estar concentrado en su música. Iba a volver a su cuarto cuando escuchó la voz del chico que le decía:

—Este sitio **es un asco**[2], ¿verdad?

Marco se volvió. El chico lo miraba ahora, tenía unos ojos verdes muy claros que parecían de un gato.

—Necesito un nuevo cómic de Batman, los que tengo ya los he leído todos. ¿Te gusta Batman? ¿O prefieres Superman? Si me dices Superman,

el feísmo

Begriff aus der Architektur für hässliche, nicht zusammenpassende Gebäude

el murciélago

die Fledermaus

no vamos a ser amigos. Tiene que gustarte Batman.

—Batman, Batman, pero...

—Muy bien —respondió el chico mientras se levantaba y tomaba una gorra con el símbolo del **murciélago**.

Poco después estaban caminando por la **zona peatonal** de Torremolinos. Era agosto y la ciudad estaba en su punto máximo de turistas. El chico de la terraza se llamaba Samuel. Si en la terraza parecía tímido, ahora era todo lo contrario: hablaba sin parar.

—... mis padres **son un rollo**[3]. Yo no quería venir aquí. Tengo catorce años. Podía quedarme en Madrid solo, ¿no crees? Total, estoy solo todo el año, pues cuando vuelvo del colegio, no están.

die Fußgängerzone

Marco quería dar su opinión, pero era imposible en ese mar de palabras. Pero entonces oyeron a una señora gritar. Era una anciana que agarraba su bolso, mientras una chica joven tiraba de él.

—¡Dame lo que me debes por la "**mercancía**[4]"! —le decía la chica.

—¡Ayuda! ¡Me quieren robar! —gritaba la anciana.

Samuel se transformó. Tocó su gorra y empezó a correr hacia las dos mujeres.

—¡Una misión para Batman! —exclamó Samuel.

1 **disgustado/-a** - verärgert
2 **ser un asco** - schrecklich sein
3 **ser un rollo (ugs.)** - nervig sein
4 **la mercancía** - die Ware

Al llegar, saltó y le dio una patada a la ladrona. La chica cayó al suelo.

—¡Ríndete[5]! —le dijo Samuel con voz de triunfo.

La chica se levantó del suelo. Miró a su alrededor y vio que cada vez se acercaba más gente.

—¡Te encontraré, niñato[6]! Nunca olvido una cara —dijo antes de empezar a correr lejos de allí.

La anciana se acercó a ellos con una sonrisa.

—¡Eres como un ángel! Y quiero premiarte por tu valor.

La señora abrió el bolso y sacó un billete.

—¡Toma! Para tu amigo y para ti. Pasad un día bonito a mi salud.

Samuel tenía en su mano un billete lila.

—¡500 euros! —exclamaron los dos.

—Yo creía que no existían en verdad —dijo Samuel.

—Pero ¿por qué tiene tanto dinero esta señora?

—Pero, pero... —respondió Samuel— ¿Qué importa? Nos lo ha dado porque lo merecemos[7].

Samuel miró alrededor. Estaban enfrente de la Casa de los Navajas, uno de los pocos sitios que le gustaban a Marco.

kleiner Palast im Neomudéjar-Stil aus dem zwanzigsten Jahrhundert

el chiringuito
die Strandbar

—Mira, creo que necesitamos tomar algo en primer lugar, pero no en esos **chiringuitos** para turistas que sirven pescaíto frito y tortilla de patatas, sino en aquel sitio —propuso Samuel. Y señaló un restaurante de lujo. Los miraron raro al entrar y todavía más cuando pidieron mariscos y **Kas limón**[8] para merendar. Fue el inicio de una tarde inolvidable. Tras el **banquete**[9], entraron en todas las tiendas que encontraron en su camino. Marco terminó con zapatillas de deporte, pantalones, un polo, una chaqueta y gafas de sol de unas marcas que solo conocía de la tele y los escaparates. Samuel se compró varios cómics de Batman, e incluso alguno de Superman "para comparar solamente", como dijo. Por último, fueron a tomar unos helados en el paseo marítimo entre las palmeras.

5 **rendirse** - sich ergeben
6 **el/la niñato/-a** - der Rotzbengel / die Rotzgöre
7 **merecer** - verdienen
8 **(el) Kas limón** - Eigenname für eine spanische Zitronenlimonade
9 **el banquete** - das Festessen

—Dios mío, mira toda esa gente idiota, roja como cigalas en un grill. Nunca vamos a ser así. —Nunca —repitió Marco—. Y nunca vamos a volver a Torremolinos en nuestras vidas.

la cigala
der Kronenhummer

De repente, escucharon la voz aguda de una mujer:

—Allí están, ese es el niñato que me tiró al suelo y ayudó a la bruja a escapar con nuestro dinero. ¡Malditos!

Pero esta vez la chica no estaba sola, sino que venía acompañada de un tipo que debía de ser su novio o hermano con dos perros gigantescos. Samuel cogió del brazo a Marco y empezaron a correr sin parar. Podían oír detrás los pasos del hombre y los ladridos[10] de los perros. Pero lograron llegar a su edificio, subir como un rayo[11] las escaleras y cerrar la puerta de su apartamento antes de caer en el suelo.

Pasaron el resto de las vacaciones en la terraza y sin atreverse a salir a la calle. Sus padres estaban contentos porque ahora sus hijos eran amigos. Un día, sin embargo, se llevaron una sorpresa: en la portada del periódico estaba la foto de la anciana a la que habían ayudado y la siguiente noticia "Detenida la abuela traficante de drogas".

—¡Creo que ahora entiendo lo de los 500 euros! —dijo Marco.

—Al final —respondió Samuel—, creo que no me importa volver el año que viene a Torremolinos. Pero si tú también vienes.

gigantesco/-a
riesig

—Pero…
—Sin peros, Marco, sin peros.
—Y sin perros —dijo Marco con una gran risa.

URLAUBSERINNERUNGEN …

… können auch unangenehm sein! Denn manchmal ist ein Urlaub einfach zum Scheitern verurteilt – man hat das falsche Hotel ausgesucht, der Strand ist überfüllt oder es regnet in Strömen. An welche Urlaube erinnerst du dich ganz besonders? Notiere, warum es dir wo gefallen hat – oder auch nicht. Die Verknüpfungen von Sprache mit Gefühlen helfen uns, Wörter und Satzstrukturen leichter im Gedächtnis zu verankern.

10 **el ladrido –** das Gebell
11 **como un rayo –** wie der Blitz

16 La magia de Sevilla

DEN 70 M HOHEN TURM KANNST DU BESTEIGEN – VON OBEN BIETET SICH EINE HERRLICHE AUSSICHT.

Die **Giralda** wurde ursprünglich von den Arabern im 12. Jh. errichtet und später von den Christen zur Kathedrale umgebaut. Sie ist eines der Wahrzeichen von Sevilla.

sehen
hören
Tr. 16

"**La Giralda fue construida**[1] en el siglo XII por los árabes no solo como minarete, sino también como **torre de vigilancia**[2]", explica Andrés, el guía. El grupo de turistas **asciende**[3] por el interior del monumento. Al llegar a la parte más alta, Nuria y Martina se quedan fascinadas por la vista de la ciudad. Sevilla es realmente única por su **mezcla**[4] de culturas, tradiciones y modernidad.

Cuando termina la visita, Andrés **se acerca a**[5] las dos jóvenes y las saluda:

—Hola **guapas**[6], ¿vosotras, de dónde sois?

Un poco **incómoda**[7] por el estilo demasiado directo del guía, Nuria le responde:

—Somos de Tarragona. Nos llamamos Nuria y Martina y somos hermanas. Estamos conociendo Sevilla, pero a veces estamos un poco **sorprendidas**[8]. La gente, sin conocernos, nos dice "guapas" o "**chiquillas**"[9] y a nosotras nos parece bastante **insolente**[10]... Andrés, sorprendido por la respuesta de la chica, le explica:

—Muchachas, estáis en Andalucía. Aquí somos **alegres**[11], espontáneos, extrovertidos. Los catalanes sois mucho más serios y cerrados. Y eso se ve hasta en el folklore, nosotros, con nuestro flamenco lleno de pasión, y vosotros con vuestras **sardanas**[12]...

—Bueno, Andrés, no vamos a discutir sobre clichés. Simplemente tenemos culturas distintas.

—Vale, guapas, entonces, como signo de amistad andaluza-catalana, os invito a nuestra **caseta**[13] en la Feria de Abril. Allí estaré con mi gente. Comienza mañana, lunes. Por la tarde comemos el "**pescaíto**" y por la noche celebramos el "**alumbrao**", cuando se encienden todas las **bombillas** del **recinto**. Es un espectáculo increíble. Os doy mi número de móvil y me llamáis.

traditionelles Gericht mit frittiertem Fisch

la bombilla – die Glühbirne

el recinto – das Gelände

JEDES JAHR FINDET ZWEI WOCHEN NACH OSTERN IN SEVILLA DIE **FERIA DE ABRIL** STATT, EINES DER GRÖßTEN VOLKSFESTE DES LANDES. ERÖFFNET WIRD ES MIT DEM **ALUMBRAO**, BEI DEM DAS FESTGELÄNDE MIT ÜBER 30.000 GLÜHBIRNEN BELEUCHTET WIRD.

1 **fue construido/-a** – wurde erbaut
2 **la torre de vigilancia** – der Wachturm
3 **ascender** – hinaufsteigen
4 **la mezcla** – die Mischung
5 **acercarse a** – sich nähern
6 **la/la guapo/-a** – der/die Hübsche
7 **incómodo/-a** – (hier:) unwohl
8 **sorprendido/-a** – überrascht
9 **el/la chiquillo/-a** – der/die Kleine
10 **insolente** – unverschämt; frech
11 **alegre** – fröhlich
12 **la sardana** – katalanischer Volkstanz
13 **la caseta** – (hier:) Festbude

Torre del Oro ehemaliger militärischer Turm aus dem 13. Jh.

einer der bekanntesten Plätze Sevillas; angelegt in Form eines Halbkreises mit 200 m Durchmesser und umrahmt von einem ebenfalls halbkreisförmigen Gebäude

mittelalterlicher Königspalast aus dem 14. Jh. im Mudéjar-Stil, der Elemente der islamischen Architektur mit denen der Romanik, Gotik oder Renaissance verbindet

Las dos hermanas miran escépticas a Andrés. Quizá él solo quiere ser amable, pero para ellas su comportamiento es muy **atrevido**[14]. Martina coge la tarjeta que Andrés le ofrece mientras responde:

—Gracias por la invitación, pero tenemos que pensarlo. Ya te llamaremos.

Los tres se despiden sin muchas **ganas**[15] de volverse a ver.

Nuria y Martina continúan su **paseo**[16] por Sevilla. Visitan el **Alcázar**, maravilloso palacio de origen árabe, y la **Torre del Oro**; **pasan por**[17] delante de imponentes construcciones de los siglos XVI y XVII como el Archivo de Indias, la Real Fáb rica de Tabaco, la Casa de Pilatos; **se detienen**[18] en la **Plaza de España**, de principios del siglo XX, uno de los lugares emblemáticos de la ciudad.

Cuando llegan al **Parque María Luisa**, el **jardín** romántico más bonito de Sevilla, Nuria y Martina se sientan en un banco para **descansar**[19] del largo paseo y de tantas impresiones. Las dos están emocionadas por la belleza de las

berühmter Park mitten in Sevilla; eine der größten künstlichen Parkanlagen Spaniens

der Garten

construcciones y por el ambiente **cálido**[20] y luminoso de sus calles. Empiezan a pensar que quizá han sido **injustas**[21] con Andrés. En Sevilla la gente es abierta, **generosa**[22], amable, como su clima y su paisaje. Nuria, la hermana mayor, toma una decisión: llamarán al guía, aceptarán su invitación y asistirán a la inauguración de la Feria de Abril. Martina está de acuerdo, pero piensa que necesitarán trajes de flamenco para la feria porque ella ha visto en la televisión que tanto las mujeres como los hombres llevan los vestidos típicos.

Las jóvenes, muy animadas con la idea de **convertirse**[23] por un día en "andaluzas", llaman a Andrés, le confirman que irán a la feria y le prometen darle una sorpresa. Andrés se alegra del cambio de opinión de las catalanas y queda con ellas el lunes por la tarde en la puerta principal del recinto. Nuria y Martina pasan el resto del domingo tomando tapas y "**manzanilla**" en los bares sevillanos.

Cuando van a su hostal, las dos hermanas están **contentas**[24] tanto por las vivencias del día como por el efecto del vino.

El lunes se levantan temprano para **alquilar**[25] los trajes y prepararse para la feria. En una pequeña tienda **consiguen**[26] dos bonitos modelos, uno rojo para Nuria y otro azul para Martina. Después, van a la

la manzanilla
eine Sherryart aus Andalusien

14 **atrevido/-a** - dreist, frech
15 **las ganas (immer Pl.)** - die Lust
16 **el paseo** - der Rundgang
17 **pasar por** - vorbeilaufen an
18 **detenerse** - stehenbleiben
19 **descansar** - sich ausruhen
20 **cálido/-a** - herzlich, warm
21 **injusto/-a** - ungerecht
22 **generoso/-a** - großzügig
23 **convertirse** - sich verwandeln
24 **contento/-a** - zufrieden
25 **aquilar** - ausleihen
26 **conseguir** - (hier:) erstehen

peluquería y, por la tarde, en el hostal, se **maquillan** y se ponen los trajes. Satisfechas con el resultado, las hermanas bajan a la recepción y piden un taxi. El recepcionista, al ver a las jóvenes catalanas con los vestidos, las mira **extrañado**[27]... Diez minutos después llegan a la feria, donde **han quedado**[28] con Andrés. Como aún es pronto, Nuria y Martina pasean por el recinto pero hay algo **raro**[29]... La gente **sonríe**[30] al verlas y ellas se sienten muy incómodas. Entonces **se dan cuenta**[31] de que son las únicas que van vestidas con los **trajes típicos**. No lo pueden creer. Están en la feria de Sevilla y nadie lleva la ropa tradicional andaluza. A las ocho llega Andrés al lugar de la cita y, cuando ve a las dos muchachas, **se ríe**[32] mientras les dice:

maquillarse

sich schminken

el traje típico

(hier:) die traditionelle Kleidung, Tracht, Festkleidung

—¡Esto sí que es una sorpresa! Os **agradezco**[33] mucho que estéis aquí vestidas con nuestra ropa típica. El único problema es que nosotros no la usamos antes del "alumbrao". Por eso hoy nadie va vestido así.

Las dos hermanas se sienten **ridículas**[34]. Solo desean **desaparecer**[35] de aquel lugar y volver a Tarragona en el primer tren. **Sin embargo**[36], Andrés sigue hablando:

—**No os preocupéis**[37]. Vamos a solucionar rápido este **malentendido**[38]. Varias compañeras **se ocupan**[39] hoy de la cocina en la caseta y llevan uniforme. Seguro que ellas os pueden **prestar**[40] la ropa de recambio. Mañana os pondréis de nuevo los vestidos flamencos y seréis las más guapas de la feria.

Cuando los tres llegan a la caseta, Andrés habla con sus amigas y dos de ellas **ofrecen**[41] ropa a Nuria y Martina. Unos minutos más tarde comen todos juntos "pescaíto" frito y beben "**rebujito**", una mezcla de "manzanilla" con limonada que les encanta a los andaluces. Todo el mundo está animado y el ambiente es muy **divertido**[42]. A las doce en punto se encienden las trescientas mil bombillas de la feria. Nuria y Martina, totalmente integradas en la fiesta, **contemplan**[43] el espectáculo. Están encantadas con la simpatía de los andaluces. Por los altavoces suena una canción, **"Sevilla tiene un color especial..."**

Longdrink, der aus 1/3 **manzanilla** und 2/3 Zitronenlimonade (oder Tonic Water) besteht; wird gerne als Aperitif getrunken.

LIED DER GRUPPE LOS DEL RIO AUS DEM JAHR 2001; EINE HOMMAGE AN DIE STADT, IN DER IHRE SCHÖNHEIT BESUNGEN WIRD

27 **extrañado/-a** - verwundert
28 **quedar** - verabreden
29 **raro/-a** - merkwürdig, seltsam
30 **sonreír** - lächeln
31 **darse cuenta** - bemerken
32 **reírse** - lachen
33 **agradecer** - danken
34 **ridículo/-a** - lächerlich
35 **desaparecer** - verschwinden
36 **sin embargo** - trotzdem
37 **No os preocupeís.** - Macht euch keine Sorgen.
38 **el malentendido** - das Missverständnis
39 **ocuparse** - sich kümmern
40 **prestar** - leihen
41 **ofrecer** - anbieten
42 **divertido/-a** - lustig
43 **contemplar** - betrachten

KOMM MIT NACH ANDALUSIEN!

Ordne diese Schnappschüsse aus dem Urlaub den passenden Orten in Andalusien zu und lokalisiere sie auf der Landkarte von Andalusien, indem du Punkte einzeichnest und Pfeile malst. Beschrifte die Orte mit 1–8, je nachdem, wie gerne du sie dir anschauen würdest und notiere spanische Begriffe, die sie beschreiben. Notiere auch, was diesen Ort so besonders macht. Vielleicht bist du gerade dabei, deinen nächsten Urlaub vorzubereiten?

Córdoba

Ronda

Granada

Sevilla

Sierra Nevada

Costa de la Luz

Nerja

Vejer de la Frontera

Melón con jamón

MELONEN-SCHINKEN-SPIESSE

Diese erfrischenden Spieße aus Melonen und Schinken sind nur eine von vielen Varianten von Tapas, die man in Sevilla und an anderen Orten in Andalusien genießen kann. Sie eignen sich gut als Appetizer vor einer Hauptmahlzeit oder als Ergänzung für einen bunten Tisch voller leckerer Tapas.

Zutaten:

1 melón **- 1** sandía **-** sal **- 1 paquete** de jamón serrano **-** menta o albahaca

1. *Die Melonen würfeln, so dass mundgerechte Stücke entstehen.*
2. *Den Schinken rollen und mit der Melone auf Spieße stecken.*
3. *Die Minze mit aufspießen oder zum Dekorieren nutzen. Fertig ist dieses einfache, aber leckere Gericht!*

TIPP
Auch Basilikum passt gut zu diesen erfrischenden Tapas!

el melón – die Honigmelone
la sandía – die Wassermelone
la menta – Minze
la albahaca – das Basilikum

17 La rana de la suerte

pararse
anhalten

Por fin, a las diez de la noche el taxi **se para** delante del número veintitrés de la calle San Justo en Salamanca. Inge paga y **se despide**[1] del amable taxista. Está muy cansada. Termina aquí un largo viaje que ha empezado a las siete de la mañana en el aeropuerto de Copenhague, su ciudad natal, donde ha tomado un avión a Madrid, y desde allí ha seguido en tren hasta Salamanca. Ha **llegado**[2] a la ciudad para estudiar con una **beca**[3] Erasmus un año de su carrera, Psicología.

sehen
hören
Tr. 17

Inge mira a su **alrededor**[4] decepcionada. Está en una calle **sucia**[5] y mal iluminada, delante de un edificio de cuatro alturas, con una fachada gris llena de graffitis. Desde luego, no es este el ambiente que ella esperaba. En los libros y en los prospectos, Salamanca es una ciudad bellísima, patrimonio de la humanidad. "¿He llegado al sitio correcto?", piensa Inge.

Tiene ganas de salir de aquel desagradable lugar y regresar a Copenhague. Sin embargo, la estudiante danesa cierra los ojos unos segundos, respira hondo y pulsa el botón 4º A del **interfono**[6]. Alguien abre la puerta e Inge entra con su maleta en un viejo portal sin ascensor.

Con gran esfuerzo, por los casi treinta kilos de **equipaje**[7] y por el **cansancio**[8] de un viaje que ya dura quince horas, **sube** las **escaleras** hasta el cuarto piso. Llama al timbre y, al abrirse la puerta, ve a sus dos **compañeros de piso**[9], Joaquín y Sonia, mirándola con una sonrisa **forzada**[10]. Ella, intentando ser simpática a pesar del cansancio y del **desencanto**[11], los saluda en un castellano **entrecortado**[12] y confuso. Al oírla, los españoles intercambian miradas divertidas. En realidad, Inge habla bien la lengua, pero ahora está cansada y nerviosa. No puede concentrarse y solo piensa en el año que va a pasar en la ciudad. Tiene un poco de miedo. Pide a sus compañeros que la lleven a su habitación. Joaquín y Sonia le muestran el piso completo: una estrecha cocina, un baño anticuado y tres dormitorios pobremente amueblados, de los cuales el más pequeño es el suyo. No importa. Ella solo quiere meterse en la cama, dormir y, por la mañana, despertar y comprobar que

1 **despedirse de algn.** – sich von jmdm. verabschieden
2 **llegar** – ankommen; erreichen
3 **la beca** – das Stipendium
4 **alrededor** – ringsherum
5 **sucio/-a** – schmutzig
6 **el interfono** – die Sprechanlage
7 **el equipaje** – das Gepäck
8 **el cansancio** – die Müdigkeit
9 **los compañeros de piso** – (hier:) die Mitbewohner
10 **forzado/-a** – aufgesetzt
11 **el desencanto** – die Enttäuschung
12 **entrecortado/-a** – stoßweise

todo ha sido un mal sueño. Mientras le enseñan la casa, Joaquín y Sonia le explican cómo funciona la Universidad y cómo es la vida en la ciudad, le hablan de las juergas estudiantiles[13] en la Plaza Mayor, de las canciones de la tuna[14], un coro universitario masculino, y de las novatadas[15], las bromas que "sufren" los nuevos estudiantes.

Inge no tiene mucho interés en las historias que sus compañeros le cuentan. Pero hay una cosa que a Inge sí le interesa: ha leído en sus libros sobre Salamanca una historia de una famosa rana... Las miradas cómplices de Joaquín y Sonia se cruzan de nuevo, pero solo responden que es tarde y que al día siguiente se lo explicarán. Inge se alegra de poder ir a dormir y se despide de sus compañeros. Cuando ya está en la cama, piensa que quizá no son malos chicos y que, seguramente, con la luz del día, su impresión de la ciudad será más positiva. Unos minutos después la joven duerme profundamente.

En plena noche, Inge se despierta asustada[16] porque algo húmedo y ruidoso está en su mano. Mira el reloj. Son las cinco de la mañana. Se toca la mano y, en efecto, está mojada[17]. Además, oye ruidos[18] extraños. Enciende la luz y las ve. Sobre la almohada hay dos ranas verdes que la observan.

Inmediatamente salta de la cama y sale gritando de la habitación. Joaquín y Sonia, autores de la **pesada**[19] **broma**[20], le dicen riendo que como estudiante "novata" tiene que **superar**[21] una prueba: salir a la ciudad y buscar en uno de los monumentos la rana que le dará suerte en sus estudios. Tiene que volver a casa con una foto del animal y entonces ellos sacarán las ranitas de su habitación. Inge no puede creer que esto le esté pasando a ella. Es surrealista, absurdo, **delirante**[22]. Sin decir ni una palabra, se pone el abrigo sobre el pijama y se calza los zapatos para salir a la calle. Después de coger el móvil, cierra la puerta y baja las escaleras muy rápido. Cuando está en la calle, empieza a **llorar**[23] desesperada. Por qué ha tenido tan mala suerte, dónde se **equivocó**[24] al planear su viaje. Poco a poco el aire fresco y la luz del amanecer la tranquilizan. Intuitivamente, comienza a andar hacia el centro de la ciudad. Según se acerca a la **zona monumental**, los edificios son más bonitos y armoniosos, construidos con una **piedra rosada** que **brilla** con los primeros rayos del sol. El paseo devuelve el **ánimo**[25] a Inge.

13 **las juergas estudiantiles** - die Studentenstreiche
14 **la tuna** - (hier:) die Studentenkapelle
15 **la novatada** - Streich, der einem Neuling gespielt wird
16 **asustado/-a** - erschrocken
17 **mojado/-a** - feucht
18 **el ruido** - das Geräusch
19 **pesado/-a** - lästig, nervig
20 **la broma** - der Streich
21 **superar** - bestehen
22 **delirante** - wahnsinnig
23 **llorar** - weinen
24 **equivocar** - sich irren
25 **el ánimo** - der Mut

brillar – strahlen

das historische Zentrum

(hier:) der rosafarbene Sandstein

ZENTRALER PLATZ DER STADT SALAMANCA: HIER STEHT AUCH DAS RATHAUS DER STADT

Camina hacia la **Plaza Mayor**, pasa por delante de iglesias, palacios, conventos y ve a lo lejos las dos catedrales de la ciudad.

La zona histórica es verdaderamente hermosa, los libros y los prospectos tenían razón. Cuando llega a la Plaza Mayor se sienta en un banco para **contemplar**[26] la belleza del lugar iluminado por la cálida luz de la mañana. Relajada y segura de que no se ha equivocado al elegir Salamanca, mete las manos en los bolsillos de su abrigo y, al tocar el móvil, se acuerda de la rana y de la foto. ¿Dónde podría encontrar el edificio con la rana? **Teclea**[27] en el teléfono las palabras, "rana" y "Salamanca", y en décimas de segundo consigue la respuesta que necesita: la rana se encuentra en la fachada antigua de la Universidad. Busca también en internet el camino hasta el monumento. Por suerte no está lejos de la Plaza Mayor. Inge, caminando, llega en siete minutos a su destino. Allí, se queda fascinada por la famosa **fachada**[28] del siglo XVI, una portada de piedra **tallada** con cientos de motivos mitológicos y simbólicos.

tallado/-a
gemeißelt

Die **universidad de Salamanca** ist die älteste Universität Spaniens. Der Totenkopf mit dem eingemeißelten Frosch ist auf ihrer Hauptfassade zu entdecken und gehört zu den berühmtesten Sehenswürdigkeiten der Stadt.

Concentrada en la búsqueda de la rana, Inge no ve que por la calle se acerca velozmente una bicicleta. En el mismo momento en que descubre en la fachada el animal de la suerte, oye un timbre y unos **frenos**[29] que **chirrían**[30]. A su derecha, un ciclista intenta girar su bici para no golpearla, pero **pierde el equilibrio**[31], **cae** y empuja a Inge, que también termina en el suelo. Poco después, los dos accidentados empiezan a moverse. Parece que no hay **huesos**[32] **rotos**[33]. El joven se levanta torpemente y se acerca a Inge. Disculpándose, le ofrece su mano para ayudarla. Ella, todavía sorprendida por el golpe, la acepta. Cuando están de pie, se miran y se sonríen. Ninguno de los dos se da cuenta de que sus manos siguen unidas y de que sus ojos no han **apartado**[34] ni un momento la mirada. ¿Será que la suerte de la rana está llegando a la nueva estudiante de Salamanca?

26 **contemplar** - betrachten
27 **teclear** - tippen
28 **fachada** -die Fassade
29 **el freno** - die Bremse
30 **chirriar** - quietschen
31 **perder el equilibro** - das Gleichgewicht verlieren
32 **el hueso** - der Knochen
33 **roto/-a** - gebrochen
34 **apartar** - sich abwenden

DIE GOLDENE STADT …

… IST DER BEINAME SALAMANCAS, DEN SIE WEGEN IHRER SCHIMMERNDEN SANDSTEINFASSADEN BEKOMMEN HAT. SALAMANCA LIEGT IM NORDWESTEN SPANIENS UND IST DIE HAUPTSTADT DER GLEICHNAMIGEN PROVINZ.

DIE STADT GEHÖRT SEIT 1988 ZUM WELTKULTURERBE DER UNESCO UND WAR 2002 **KULTURHAUPTSTADT EUROPAS.**

la iluminación
die Beleuchtung

DURCH SALAMANCA FLIEßT DER **TORMES**, DER HIER NACH 247 FLUSSKILOMETERN IN DEN **DUERO** MÜNDET. ÜBER DEN FLUSS FÜHRT DIE **PUENTE ROMANO**, DEREN BAU AUF DAS 1. JH. N. CHR. DATIERT WIRD.

Eine kulinarische Spezialität Salamancas ist **hornazo**, eine Fleischpastete, die ursprünglich zu Ostern gegessen wurde. Heute kann man sie das ganze Jahr über und auch über die Grenzen Salamancas hinaus probieren.

UNA TRADICIÓN ESPECIAL – EINE BESONDERE TRADITION

In der nächsten Geschichte geht es um die spanische Neujahrsfeier, die **Nochevieja**. Erstelle zum neuen Wortschatz rund um Silvester ein großes Mindmap!

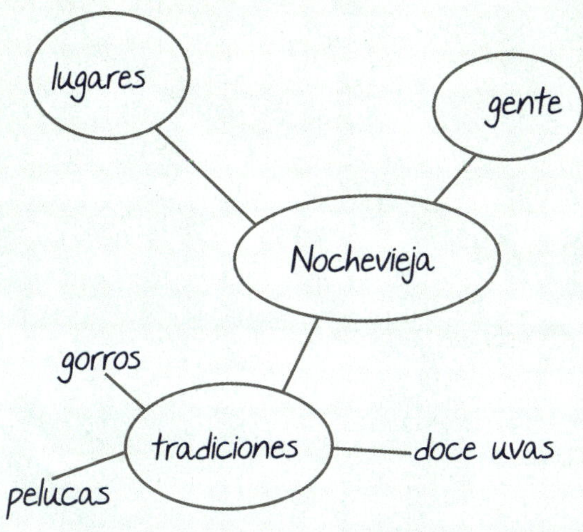

Kategorisiere den neuen Wortschatz zu dieser Feier in verschiedene Themen, zum Beispiel Orte, Handlungen, Menschen und Objekte. Besonders gut ist, wenn du die Wörter anschließend noch mit Zeichnungen ergänzt. Übe dann die Beschreibung der Tradition mithilfe der Wörter aus dem Mindmap: **En la Nochevieja, los españoles/los madrileños...**

18 Una Nochevieja inesperada

sehen
hören
Tr. 18

Es **Nochevieja**[1], pero Diego está de mal humor. Desde hace tres años no puede celebrar la fiesta con su novia, Elena, porque, de nuevo tiene **guardia**[2]. Y lo peor es que esta vez ella sale a cenar con sus compañeros de deporte y con Manuel, su entrenador, que la quiere **conquistar**[3] aunque sabe que ella tiene novio. Para Diego lo más triste de la situación es que a Elena le gusta el tipo y su flirteo.

Por eso, esta noche, mientras ella se divierte con Manuel y los otros, Diego está enfadado y aburrido, sentado en su ambulancia junto a su nueva colega Julia. Es la primera vez que trabajan juntos en el **turno de noche**[4] porque hace pocos meses que Julia está en el **servicio de urgencias**[5] de la **Cruz Roja Española**. Es la mujer más tímida y callada que Diego conoce. No se puede imaginar pasar ocho horas por la noche con esa

Cruz Roja Española

Spanisches Rotes Kreuz

Zentraler Platz in Madrid, hier befindet sich der sog. Null-Kilometerstein, von dem sich die sechs Hauptnationalstraßen Spaniens sternförmig ins Festland erstrecken.

chica en un largo silencio porque ella casi no habla. Igual que en la Nochevieja anterior, la ambulancia de Diego está situada en una de las **salidas de emergencia**[6] de la **Puerta del Sol** de Madrid, la plaza donde se reúne más gente para celebrar el fin de año. Los que están allí tienen el privilegio de comer las **uvas**[7] con las **campanadas**[8] del reloj "en vivo", mientras el resto de los españoles solo pueden verlo por televisión. El ambiente es alegre y ruidoso, pero Diego está tan **distraído**[9] con sus problemas que ha olvidado comprar las uvas. Esta noche no **cumplirá con**[10] el ritual de la suerte para el año nuevo, pero le da igual.

A las once, los madrileños ya llenan la plaza. Muchas personas llevan gorros, **pelucas**, beben cava y cantan. Todos tienen las bolsitas con las doce uvas que comerán al ritmo de las doce campanadas de medianoche. Así empezarán bien el año y la buena suerte les acompañará los doce meses, según la tradición.

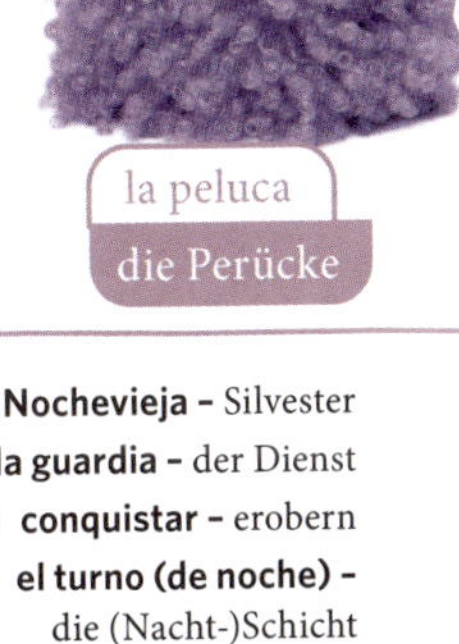
la peluca
die Perücke

Con tanta alegría y buenos deseos la gente no necesita atención médica, por lo que Diego y Julia pasan el tiempo sentados, observando el espectáculo, en silencio. Un cuarto de hora antes de las campanadas, una joven se acerca a la ambulancia porque se ha cortado con

1 **la Nochevieja** – Silvester
2 **la guardia** – der Dienst
3 **conquistar** – erobern
4 **el turno (de noche)** – die (Nacht-)Schicht
5 **el servicio de urgencias** – der Notdienst
6 **la salida de emergencia** – der Notausgang
7 **la uva** – die Traube
8 **la campanada** – der Glockenschlag
9 **distraído/-a** – zerstreut
10 **cumplir con** – (hier:) ausführen

un cristal. Los sanitarios se alegran de tener una paciente y curan la **herida**[11] con mucho cuidado. Cuando la chica se marcha, Julia entra en la ambulancia y un momento después sale con uvas para los dos y una botella de sidra. Diego está muy sorprendido. Quizás Julia no es tan aburrida como él piensa. Enseguida empiezan a sonar cuatro golpes dobles de campana que anuncian el inicio del ritual. Después suenan las doce campanadas y en la plaza se vive un momento de calma mientras todo el mundo come las uvas. Tras la última campanada se rompe **bruscamente**[12] el silencio con los **fuegos artificiales** y las voces de la gente. Los madrileños se abrazan, se felicitan y brindan por todo lo bueno que va a traer el año nuevo. Diego y Julia también **brindan**, pero sin gran emoción.

das Feuerwerk (im Spanischen immer Pl.)

Pasado el momento mágico del cambio de año, los sanitarios vuelven a sus asientos en la ambulancia. En silencio siguen observando el ambiente en la plaza. De pronto, Diego ve que un hombre roba la cartera de un muchacho distraído por la fiesta y el alcohol. Poco después, el ladrón se acerca a otro grupo y roba una cartera más. Diego se pone nervioso porque nadie se da cuenta de los robos. En el momento en que el ladrón va a agarrar el siguiente monedero, Diego salta de la ambulancia y corre hacia él gritando "al ladrón, al ladrón". El hombre ve a Diego y **se mezcla**[13] rápidamente entre la gente de la plaza. Diego también avanza, intentando no **perder de vista**[14] el pelo rubio del ladrón que **se dirige**[15] hacia una **calle lateral**[16]. Cuando sale del tumulto, el hombre empieza a correr en dirección al Teatro Real. Diego le **persigue**[17] sin pensar por qué lo hace. En realidad, podría pararse y olvidar el robo de las carteras, pero el enfado que le acompaña esta noche le anima a correr. Muy cerca de la ópera, el ladrón se para. Todo está oscuro y la calle vacía. A lo lejos se oye la fiesta. Cuando Diego se acerca al hombre, este se gira y saca un cuchillo. El sanitario, asustado, da un salto hacia atrás. En ningún momento había pensado que su **valiente**[18] acción podía ser peligrosa, pero ahora se da cuenta de que está arriesgando su vida. El hombre agita el cuchillo **amenazante**[19] y le indica que se marche. Diego, sin embargo, le mira y se aproxima despacio. Cuando está muy cerca, le agarra la mano con el **arma**[20] y empiezan a luchar cuerpo a cuerpo. El cuchillo se mueve entre los dos hombres. **Ambos**[21] lo **sujetan**[22] con todas sus fuerzas, pero Diego cae al suelo y pierde el cuchillo. El delincuente le inmoviliza y le pone el arma en el cuello. De pronto se oyen alarmas y coches que llegan a gran velocidad. Una ambulancia se para casi encima de los dos hombres y Julia salta con

11 **la herida** - das Wunder
12 **bruscamente** - plötzlich; brüsk
13 **mezclarse** - sich unter … mischen
14 **perder de vista** - aus den Augen verlieren
15 **dirigirse a/hace** - sich zu/nach begeben
16 **la calle lateral** - die Seitenstraße
17 **perseguir** - verfolgen
18 **valiente** - mutig, tapfer
19 **amenazante** - drohend
20 **el arma** - die Waffe
21 **ambos/-as** - beide
22 **sujetar** - festhalten

brindar
anstoßen

der Notfallkoffer

la maleta de urgencias en la mano. Se lanza contra el ladrón y le **golpea**[23] en la cabeza con ella. El hombre queda **inconsciente**[24]. De dos coches con sirenas azules bajan cuatro policías que se ocupan del criminal. Julia se acerca a Diego y, sin hablar, **comprueba**[25] si está herido. Por suerte solo tiene algunos golpes y cortes superficiales en las manos. La sanitaria le cura mientras Diego, muy impresionado, solo puede repetir "gracias, gracias, gracias". Al parecer, Julia es también una mujer muy enérgica.

Después de la declaración de Diego a los agentes, los coches de policía se marchan con el **detenido**[26]. Los curiosos que han **contemplado**[27] la escena desaparecen poco a poco. Al final, Diego y Julia se quedan solos. Julia propone dar un paseo antes de volver al trabajo para que Diego se tranquilice. A él le parece una idea genial. Los dos sanitarios caminan hasta los jardines de la Plaza de Oriente. Hace frío, pero la noche es agradable y luminosa. Se sientan en un banco y Diego, por primera vez interesado en conocer a su compañera, le pregunta sobre su vida. Julia, que por primera vez nota el respeto de su compañero, le cuenta que durante años ha trabajado para Médicos Sin Fronteras en África y Latinoamérica.

Diego la mira sorprendido de nuevo. Definitivamente, Julia es una mujer de acción. Con mucha curiosidad le sigue haciendo preguntas. Los dos conversan largo rato. El nuevo año ha empezado con sorpresas inesperadas. Diego nunca habría podido imaginar un inicio mejor. Ahora solo espera que las sorpresas continúen...

las esposas (immer Pl.)
die Handschellen

23 **golpear** - schlagen
24 **inconsciente** - bewusstlos
25 **comprobar** - prüfen
26 **el detenido** - der Verhaftete
27 **contemplar** - anschauen

Plaça Maior

19 El precio de la libertad

sehen

hören

Tr. 19

—Miguel, aquí tienes una sopa caliente. Seguro que después de tomarla te vas a sentir mucho mejor.

Miguel abrió los ojos y vio a Catalina, su esposa, a un lado de la cama con un plato **humeante** en las manos. Al otro lado de la cama, su hija Isabel lo miraba con preocupación. En las últimas semanas Miguel había perdido tantos kilos que, entre las sábanas, su cara pálida y delgada solo se distinguía por la barba larga y los ojos oscuros como dos pequeños **botones** negros. Le dolía todo el cuerpo y la fiebre le acompañaba día y noche.

el botón
der Knopf

—Gracias, Catalina, pero no tengo hambre.

Él sabía que tenía que alimentarse para **curarse**[1], pero se sentía demasiado débil.

—Padre, necesitas comer—dijo Isabel—voy a ayudarte con la sopa.

Las dos mujeres sentaron a Miguel en la cama. Catalina volvió a la cocina e Isabel dio la sopa a su padre lentamente. El alimento **devolvió**[2] la vitalidad al enfermo y comenzó a hablar:

—Ay, hija mía, todavía tengo tantas ideas, pero ya no me quedan fuerzas para escribir. De joven quería ser un escritor famoso y vivir de mi trabajo. Sin embargo, la vida me llevó por caminos difíciles y no tuve suerte. Por eso, ahora, **tumbado**[3] en esta pobre cama de nuestra pobre vivienda en este **barrio**[4] pobre de Madrid, siento que he **fracasado**[5].

1 **curarse** – genesen
2 **devolver** – zurückgeben
3 **tumbado/-a** – liegend
4 **el barrio**– der Stadtteil
5 **frascar** – scheitern

Schriftsteller

—No es cierto, padre, tú eres un buen **escritor**, igual que fuiste un buen soldado al servicio del **rey Felipe II**.

—En mis años jóvenes era aventurero e idealista. Quería tener experiencias para escribir libros y, buscando esas aventuras, me uní al ejército. Luché en la batalla de Lepanto, donde vencimos contra los turcos. Yo era un soldado valiente, pero me **hirieron**[6] en el brazo y mis jefes me ordenaron regresar a España.

—Desde entonces no puedes mover el brazo izquierdo, ¡qué mala suerte!

—No, Isabel, no fue mala suerte, porque gracias a esa herida el capitán me dio una carta de recomendación para el rey, como premio por mi coraje. Muy contento tomé un barco hacia España, pero, en el Mediterráneo, unos piratas nos **asaltaron**[7] y nos llevaron a Argel, donde me **encerraron**[8] en una cárcel. Allí, los **vigilantes**[9] encontraron la carta dirigida al rey, pensaron que yo era una persona importante y pidieron a mi familia un **rescate**[10] enorme.

—¡Vaya! Al final la carta te trajo mala suerte...

—Así es, hija, a veces, lo que nos parece suerte, es en realidad desgracia, y al revés. Cinco años estuve en la prisión de Argel porque mi familia no tenía el dinero para liberarme. Sin embargo, nunca perdí la esperanza de volver a ser libre. Intenté escapar cuatro veces, pero no lo conseguí. Finalmente, unos religiosos pagaron mi rescate y me llevaron a España.

—¿Escribiste, entonces, para los nobles de la Corte?

—No, Isabel, nunca lo hice. Yo quería ser libre para escribir con mi estilo y mis ideas. Si trabajaba para un noble, no me faltaría el alimento, pero sí la libertad. Por eso, decidí ser independiente. Para ganar dinero me dediqué a cobrar impuestos en Castilla y en Andalucía. Fueron años muy duros porque **cobrar impuestos**[11] no era una **tarea**[12] sencilla. Tenía que **enfrentarme**[13] con nobles y religiosos que no querían pagar al rey y, algunas veces, terminé en la cárcel. Como ves, nunca he tenido amigos entre los **poderosos**[14]. Además, aunque en mi tiempo libre escribía obras de teatro y pequeñas novelas, nadie las quería publicar. ¡Un verdadero desastre!

—¿Y qué pasó con la carta que tu capitán te dio para Felipe II?

—Presenté la carta en la Corte de Madrid y **solicité**[15] un trabajo en las colonias, al otro lado del océano, pero no me lo dieron. Me dijeron que allí no podría sobrevivir con un brazo paralizado. Como ves, Isabel, nada ha sido fácil en mi vida. Siempre he tenido que luchar contra "gigantes" para pedir justicia o para defenderme, y la mayoría de las veces he perdido las batallas.

—Sin embargo, padre, sí publicaste tu obra más importante y más querida. El Quijote tuvo mucho éxito y ganaste dinero.

—Efectivamente, Isabel, por primera y única vez en mi vida conseguí vivir de la escritura. Durante ese tiempo pude **alimentar**[16] a mi familia o, mejor dicho, a las mujeres

6 **herir** - verletzen
7 **asaltar** - überfallen
8 **encerrar** - einsperren
9 **el/la vigilante** - der/die Wächter/-in
10 **el rescate** - das Lösegeld
11 **cobrar impuestos** - Steuern kassieren
12 **la tarea** - die Aufgabe
13 **enfrentarse** - konfrontieren
14 **el/la poderoso/-a** - der/die Mächtige
15 **solicitar** - sich bewerben
16 **alimentar** - ernähren

el/la lavandero/-a
der/die Wäscher/in

Als treu ergebener Knappe steht der Bauer **Sancho Panza** auf seinem Esel an der Seite Don Quijotes.

de la familia
con las que vivo:
mis hermanas, mis sobrinas, mi mujer y ahora, tú también, hija mía.
Normalmente, ellas ganaban el dinero, trabajando como **costureras** o **lavanderas**.

el/la costurero/-a
der/die Schneider/in

Vivíamos juntos porque mis hermanas nunca se casaron. Las pobres sufrieron mucho por estar solteras. Por eso yo defendí en mis novelas el derecho de las mujeres a ser independientes y a elegir su forma de vida. Sin embargo, nadie lo entendió. A causa de estas ideas la gente pensó que yo estaba tan loco como mi Quijote. Al final, el dinero se terminó y volvimos a nuestra pobreza.

—Padre, me dijiste que nuestra vida humilde aquí en Madrid se debe a tu fracaso como escritor. Sin embargo, ahora que conozco toda la historia, creo que solo porque has tenido una vida inusual has podido crear obras excepcionales. Gracias a tu pensamiento original, a tus experiencias y a tu libertad has podido escribir con gran **sabiduría**[17] sobre el ser humano. Tus libros serán valorados algún día. Estoy segura.

Miguel de Cervantes (1547–1616) gilt als Spaniens Nationaldichter. Sein berühmtestes Werk ist **El ingenioso hidalgo Don Quixote de la Macha**.

—Cierto, Isabel. Mi vida no ha sido fácil y mi camino como escritor, muy complicado, pero elegí ser libre, vivir a mi manera y escribir según mis propias ideas. Nunca me he **arrepentido**[18] de mi decisión.

Miguel de Cervantes murió pobre el 22 de abril de 1616. Sus obras **anticiparon**[19] los principios de la literatura moderna. Actualmente se considera el escritor más importante de la lengua española. **"Don Quijote de la Mancha"** es la **novela** española más conocida en el mundo.

Berühmt und inzwischen zum geflügelten Wort geworden, ist der **Kampf gegen die Windmühlen** des Don Quijote, eines niederen Adeligen, der dem Ideal eines glänzenden Ritters nacheifert.

17 **la sabiduría -** die Weisheit
18 **arrepentirse** – bereuen
19 **anticipar -** vorwegnehmen

HAFENSTADT AM GOLF VON BISKAYA IN GALICIEN. (AUF DEM FOTO BLICKT MAN VON RIBEADEO AUF CASTROPOL.)

20 Por una vez, algo diferente

sehen
hören
Tr. 20

La cena en el parador[1] de Ribadeo comienza a las diecinueve horas. Teresa y Pilar están sentadas en el comedor del hotel, aunque todavía está vacío. Las mujeres han llegado esa misma tarde desde su pueblo, Benavente. Por una vez[2], las dos amigas quieren hacer algo diferente y han decidido pasar unos días en el mar. Sin embargo, su tiempo en la costa de Galicia no ha empezado bien. El camino en autobús ha sido largo e incómodo. Seis horas ha tardado[3] el vehículo en recorrer trescientos kilómetros, ¡Increíble! Ahora, cansadas del viaje, tienen hambre y esperan la comida. Han oído que la gastronomía gallega[4] es excelente y quieren probarla. Además, por una vez también, no son ellas las que cocinan y eso ya significa "vacaciones". Pimientos de Padrón, calamares y pulpo a la gallega como entrantes, sopa de marisco de primer plato y lubina de segundo, y de postre, dulces de las monjas[5] con licor de hierbas[6].

kleine gebratene Paprika, mit Meersalz bestreut

traditionelles Gericht aus der galicischen Küche mit Tintenfisch, Oktopus und Kartoffeln

Teresa y Pilar están encantadas con las especialidades gallegas. Muy satisfechas, salen del comedor y pasean un rato por los jardines del parador. Desde allí pueden ver la ría y, en el horizonte, la puesta de sol. Mientras **contemplan**[7] el espectáculo, Teresa piensa en su familia y dice: "A Paco y a los niños les gustaría mucho estar aquí". Pilar mira a su amiga con ironía y le responde: "Pero, mujer, queremos pasar unos días solas y **descansar**[8] de nuestra rutina. Tus hijos ya son mayores y Paco está trabajando. No pienses tanto en ellos, por una vez, piensa en ti".

Teresa sabe que su amiga lleva razón. Tiene cincuenta y cuatro años, pero nunca ha hecho nada sola. Ha **dedicado**[9] toda su vida a la familia y al hogar. Es, ante todo, **fiel**[10] esposa de su marido y madre protectora de Fran, de diecisiete años, y Maite, de quince. Es cierto que sus hijos ya son jóvenes independientes y no la necesitan, pero ella sigue cuidándolos. Una madre es siempre una madre. Además, piensa Teresa, Pilar no comprende cómo **echa de menos**[11] a su familia porque ella está **soltera**[12] y nunca ha cuidado a nadie. Son dos mujeres muy diferentes, pero amigas desde que tenían seis años y nada las ha separado ni las separará.

la lubina
der Seebarsch

1 **el parador** - Parador, Hotel
2 **por una vez** - ausnahmsweise
3 **tardar** - brauchen
4 **gallego/-a** - galicisch
5 **el dulce de monjas** - galicisches Gebäck
6 **el licor de hierbas** - der Kräuterlikör
7 **contemplar** - betrachten
8 **descansar** - ausruhen
9 **dedicar** - widmen
10 **fiel** - treu
11 **echar de menos** - vermissen
12 **soltero/-a** - alleinstehend

De camino a la habitación, Teresa experimenta[13] una sensación extraña[14], siente que alguien las observa. Mira a su alrededor[15] en el pasillo del hotel, pero no ve a nadie. Ya en su cuarto, cuando las dos mujeres se preparan para ir a la cama, Teresa vuelve a tener esa extraña sensación y comenta: "Creo que no estamos solas en la habitación". Pilar, sorprendida y un poco cansada de la nostalgia[16] de Teresa, le dice: "Estás muy rara[17]. Si echas de menos a tu familia, mañana por la mañana puedes regresar a Benavente. Yo quiero disfrutar de las vacaciones". Después de escuchar las palabras de su amiga, Teresa se disculpa[18]. Ella también quiere pasar un tiempo bonito en el mar. Las dos mujeres se acuestan.

El día siguiente, durante el desayuno, la camarera informa a las señoras de que el parador organiza una excursión a Santiago de Compostela para visitar la famosa catedral. Todos los huéspedes[19] están invitados. Pilar acepta la propuesta, pero Teresa prefiere relajarse en el hotel. Una hora más tarde, el autobús sale hacia Santiago con Pilar y los demás excursionistas. Teresa lo ve marchar desde la ventana del salón y sube a su habitación. Una vez más, en el pasillo, siente muy cerca la presencia de alguien y oye la voz de un niño. Inquieta, recorre[20] todo el edificio, pero no ve ni a niños ni a mayores. Los turistas ya se han ido a la playa y todo está tranquilo. Teresa empieza a pensar que Pilar tiene razón, estas raras sensaciones serán

solo fantasías. Para tranquilizarse decide salir. En la recepción le recomiendan[21] visitar un lugar muy especial, la Playa de las Catedrales, que está doce kilómetros de Ribadeo. Por suerte, en el pueblo hay una línea de bus que pasa por allí.

Casi es mediodía cuando Teresa llega a la playa. Ha llevado su bañador y su toalla, pero está excitada[22] como una niña porque hace muchos años que ni toma el sol ni se baña en el mar. Sentada en la arena, observa el movimiento del agua. De repente, un joven se acerca a ella y le pregunta amablemente si puede sentarse a su lado. Teresa se siente un poco incómoda, pero acepta. El joven, de unos veinte años, comienza a hablar sobre la belleza de la costa.

13 **experimentar** - spüren
14 **extraño/-a** - merkwürdig
15 **el alrededor** - die Umgebung
16 **la nostalgia** - das Heimweh
17 **raro/-a** - seltsam
18 **disculparse** - sich entschuldigen
19 **el/la huésped** - der Gast
20 **recorrer** - (hier:) absuchen
21 **recomenadar** - empfehlen
22 **excitado/-a** - aufgeregt

Como Teresa todavía no ha visto la zona monumental de la playa, el joven le propone visitarla. Caminan hasta unas formaciones rocosas que por la erosión del agua se han convertido en arcos similares a los de una catedral. El lugar es mágico y espectacular. Teresa está fascinada. Teresa y Antón, que así se llama el joven, pasean entre las cuevas y los arcos naturales. Antón le explica que, cuando el agua sube con la marea[23], las rocas desaparecen y no se ven durante algunas horas. Para Teresa, todas las explicaciones de Antón son interesantes, pues ella, como mujer castellana[24], no sabe de mar, sino de campo.

De pronto, se da cuenta de que, en realidad, el chico es un completo desconocido y le pregunta un poco nerviosa: "Antón, tú, ¿por qué estás aquí? ¿Pasas tus vacaciones? ¿Has venido con tu familia?". El joven le responde: "Este es mi mar y esta es mi tierra, pero, a veces, me siento muy solo aquí". Teresa vuelve a tener una sensación extraña, como en el hotel, y decide regresar a Ribadeo. Se despide del muchacho, toma el bus y una hora después entra en el parador.

Pilar ya ha regresado y está sentada en la terraza, leyendo un periódico. Al encontrarse, las amigas **se abrazan**[25]. Pilar cuenta sobre el arte en Santiago de Compostela y Teresa habla de la magia que tiene la playa de las Catedrales. Cuando Pilar escucha este nombre, señala el periódico y exclama: "Acabo de leer una noticia sobre esa playa. Hace unos días **desapareció**[26] allí un joven y hoy han encontrado su cuerpo. Parece que el chico se **ahogó**[27]". Teresa ve la foto en el diario y lee el nombre del desaparecido, Antón Morán. No lo puede creer. Ella ha conversado durante horas con ese muchacho en la playa..., pero ¡no es posible! Según el artículo, Antón está muerto desde hace varios días. Teresa, muy confusa, relata a su amiga la historia de la playa. Ella la escucha en silencio. Al final, Pilar le dice: "¡Es increíble! Perdóname, Teresa. Ayer **me enfadé**[28] por tus sensaciones extrañas, pero hoy sé que fui injusta contigo. No creo que sea tu fantasía, creo que tienes una sensibilidad especial. En la excursión, algunas personas me han contado que este parador está construido encima del antiguo **cementerio**[29] del pueblo. A veces hay clientes que sienten una fuerte presencia espiritual. Tú también la has sentido. Y parece que en la playa también has hablado con el espíritu de Antón. Tienes un don especial". Teresa, escéptica y divertida, escucha a Pilar y responde: "Paco y los niños no van a creer toda esta historia. Por fin ha ocurrido algo diferente en mi vida. A partir de ahora seré esposa, madre y, además, gran espiritista". Las dos amigas se ríen y pasan a cenar al comedor. Por una vez, unas vacaciones diferentes, lejos de la rutina...

23 **la marea** - Gezeiten
24 **castellano/-a** - kastillisch
25 **abrazarse** - sich umarmen
26 **desaparecer** - verschwinden
27 **ahogar** - ertrinken
28 **enfadarse** - sich ärgern
29 **el cementerio** - der Friedhof

Empanada gallega

GALICISCHE TEIGTASCHE

In Galicien kocht man gerne und gut mit Meeresfrüchten: Typische Gerichte sind **calamares y pulpo a la gallega** (Tintenfisch), **sopa de marisco** (Fischsuppe), **lubina** (Seebarsch) oder die **mariscada** (Platte mit Meeresfrüchten). Aber auch die **empanada** – eine gefüllte Teigtasche – ist ein Klassiker der galicischen Küche.

Zutaten:

750 g de harina - sal - **50 ml** de vino blanco - **200 ml** de agua - **1 cubo** de levadura fresca - **5** cebollas - **4** pimientos en escabeche - **750 g** de atún en latas - **1** huevo - pimentón dulce

1. *Das Mehl mit dem Salz und Wein in eine Schüssel geben. Die Hefe in warmem Wasser auflösen und ebenfalls hinzufügen. 8 EL Olivenöl hineingeben. Den Teig gut kneten und eine Stunde lang zugedeckt an einem warmen Ort gehen lassen.*
2. *Für die Füllung die Zwiebeln und die Paprika würfeln. Beides in Olivenöl anbraten. Zuletzt den Thunfisch hinzufügen und mit Paprikagewürz würzen.*
3. *Den Teig nochmals kneten und in zwei Stücken ausrollen. Die Füllung gleichmäßig auf einem Stück verteilen und das andere darüberlegen. An den Rändern zusammendrücken.*
4. *Die Oberfläche mit Ei bestreichen und mit einer Gabel einstechen. 30 bis 40 Minuten bei 180 °C backen.*

el cubo – der Würfel
en escabeche – eingelegt
el atún – der Thunfisch
el pimentón dulce – das süße Paprikagewürz

« LOS TEMAS DEL LIBRO - DIE THEMEN DER LEKTÜRE »

Du bist nun am Ende dieser Lektüresammlung angelangt. Um neuen Wortschatz zu wiederholen, gestalte ein Buddy-Book zu den Themen, über die du gelesen hast. Jedes Thema erhält eine Seite in deinem Büchlein, auf die du den wichtigsten relevanten Wortschatz notieren kannst.

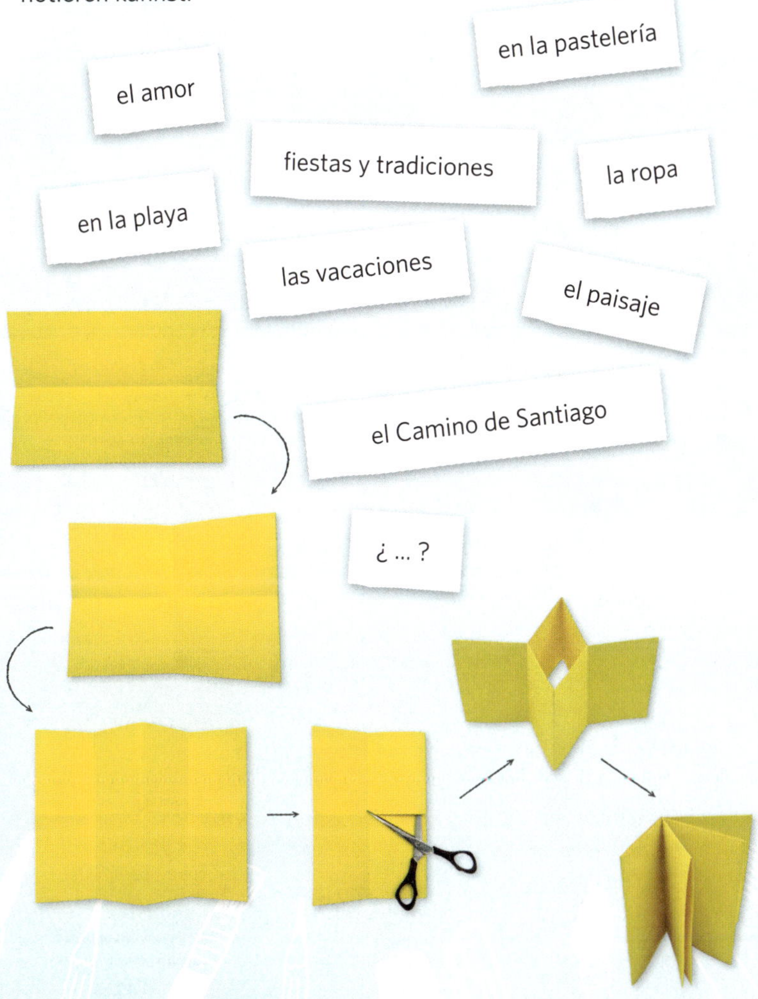

BILDNACHWEIS

6.1 (Foto: Iván Reymóndez Fernández); **6.2** (Foto: Manuel Vila Baleato); **6.3** (Foto: Dr. Sonsoles Gómez Cabornero);
123RF.com, Nidderau: 50.1 (boggy22); **51.1** (tuk69tuk);
Adobe Stock, Dublin: 16.1, **18.2** (Li Ding); **32.1** (mariontxa); **39.2** (Christina); **61.1** (Wirestock); **87.1** (DiegoCalvi); **91.2** (lilett); **100.9** (Avril); **101.1** (FomaA);
Fotolia, New York: 33.1 (mirabella);
Getty Images, München: 3.1, **5.1**, **34.1**, **37.2** (Galina Kamenskaya); **7.1**, **64.1** (alistano); **8.1** (uiliaaa); **8.2** (DoloresGiraldez); **20.1** (stuartbur); **21.1**, **23.2** (GiorgioMorara); **23.1** (Luis Davilla); **U1**, **120.2** (Utro_na_more); **23.3** (Owen Franken); **26.2**, **28.2** (lila-love); **26.1** (STEEX); **28.1** (letty17); **29.1** (Kerrick); **31.1** (nito100); **31.2** (Digital Vision); **35.3** (Yagi Studio); **38.1** (Shaun Egan); **40.1,** 41.2 (Suriko); **40.4** (Ingenui); **45.2** (webphotographeer); **47.1** (pattonmania); **49.2** (Jacek_Sopotnicki); **52.1,** 55.1 (Svetlana Apukhtina); **56.2** (Matt Carr); **57.1** (mikemcd); **60.3** (izusek); **67.2** (huePhotography); **72.2** (Anastasiia-Ku); **73.1** (drbimages); **76.1**, **77.4** (Tolchik); **80.2** (Hinterhaus Productions); **80.1**, **83.2**, **84.1**, **85.2** (Alexandra Pavlova); **81.1** (Olga_Danylenko); **82.1** (ronstik); **88.1** (amoklv); **94.1** (neirfy); **94.2** (Esra Sen Kula); **95.1** (photooiasson); **96.1** (Michal Krakowiak); **96.3** (Robert George Young); **97.1** (AlonsoAguilar); **99.1** (Rimma_Bondarenko); **99.2**, **119.2** (ManuelVelasco); **100.1** (Danler); **100.4** (MarquesPhotography); **102.2**, **105.2** (kukurikov); **102.1** (peeterv); **103.1** (GlobalStock); **104.1** (AntonioGuillem); **106.2**, **107.1** (bluejayphoto); **107.2** (pabkov); **107.3** (AhavatHaEmet); **108.1** (LUNAMARINA); **110.2** (Mohamed Rasik); **111.1** (greg801); **115.2** (Jitalia17); **115.3** (Neyya); **116.1** (DNY59); **118.1** (ideeone); **119.1** (aluxum); **119.3** (Nastasic); **120.1** (apgestoso); **121.2** (Thomas Barwick); **126.1** (yulia-bogdanova);
Shutterstock, New York: U1, **3** (saiko3p); **5.2** (Volina); **7.2**, **29.2** (Mariasokphoto); **9.1** (Olinda); **10.3** (Alfonso de Tomas); **11.1** (Pixel-Shot); **12.1** (Sombat Muycheen); **12.3** (Lothar Drechsel); **12.4** (Torsak Thammachote); **13.1** (Zoe Esteban); **15.1**, **15.2**, **15.3**, **15.4**, **15.5** (Pretty Vectors); **16.2**, **45.1**, **49.1** (Iakov Filimonov); **17.1** (imagestockdesign); **17.2** (Bozhena Melnyk); **18.1** (Eoghan McNally); **21.2** (Jacky Lawrence); **21.3** (alexandre zveiger); **22.1** (Monstar Studio); **22.2**, **77.1**, **78.1** (joserpizarro); **23.4** (Juan Aunion); **24.1**, **40.3**, **77.2** (nito); **25.1** (Matyi012345); **30.1** (freisein); **33.2** (gumbao); **35.1** (Lora Sutyagina); **35.2** (77pixels); **37.1** (Nils_Koalasson); **39.1** (Disa_Anna); **40.2** (Marc Venema); **41.1** (Zoriana Zaitseva); **42.1** (Guillermo del Olmo); **44.1** (Dmitry_Skvortsov); **46.1** (Martin Schuetz); **52.2** (Naruedom Yaempongsa); **52.3** (Jan Ziegler); **53.1** (Marco Ramerini); **54.1** (Kzenon); **56.1** (jeff gynane); **57.2** (Benoist); **58.1** (IgorShishkin); **60.1** (Photographee.eu); **60.2** (Almazan Fotografia); **62.1** (Cameris); **63.1** (Lena Lir); **64.1,** 100.7.1 (makasana photo); **66.1** (GagliardiImages); **67.1** (Ionov Vitaly); **68.1**, **123.1**, **124.1**, **124.2** (Tono Balaguer); **70.1** (Pecold); **71.1** (from my point of view); **72.3**, **116.2** (KarSol); **73.2** (aaabbbccc); **74.1** (Chere); **76.2** (Tamara Kulikova); **77.3** (COLOMBO NICOLA); **78.2** (laranik); **78.3** (Jose Carrasco); **79.1** (Ilkin Zeferli); **81.2** (Eugene Ga); **83.1** (RossHelen); **84.2,** 85.1 (ksl); **86.1** (salvareyesa); **88.2** (Liyba Dozz); **89.1** (tanuha2001); **89.2**, **91.1** (Caron Badkin); **90.1** (Pabkov); **91.3** (Cmspic); **92.1** (Studioimagen73); **92.2** (ANNA TITOVA); **93.1** (Alex Tihonovs); **95.2** (Carlos Amarillo); **96.2** (KikoStock); **96.4** (Nicholas Courtney); **98.1** (Leszek Glasner); **98.2** (Anastasia Krutikova); **100.2** (Stefano_Valeri); **100.3** (Sean Pavone); **100.6**, **100.8** (Steffi Sawyer); **100.5** (s4svisuals); **102.3** (Mikhail Zahranichny); **104.2**, **104.3**, **108.1** (Anneka); **105.1** (Alfredo Garcia Saz); **106.1** (Cynthia Liang); **108.3** (Pierre-Olivier); **110.1** (Ivan Marc); **112.1** (Fiesta Photography); **113.1** (donfiore); **114.2** (BortN66); **115.1** (IMAG3S); **118.2** (Andrius_Saz); **121.1** (Plateresca); **121.3** (JM Travel Photography); **123.2** (ProStockStudio);
Wikimedia Commons, San Francisco: 10.2, **14.1** (Tamorlan); **10.1** (FERNANDES Gilbert); **10.4** (doilacara.net Creative Commons BY-2.0); **12** (Eric Koch / Anefo); **65.1** (Diego Rodríguez de Silva y Velázquez - The Yorck Project (2002), distributed by DIRECTMEDIA Publishing GmbH., Gemeinfrei); **72.1** (Alonso de Cartagena); **108.2** (By Tamorlan - Own work, CC BY-SA 3.0); **114.1** (By Flothi, CC BY-SA 3.0); **65.2**